これからの病院経営を担う人材
医療経営士テキスト

介護経営

介護事業成功への道しるべ

上級

小笠原浩一 編著

13

日本医療企画

『医療経営士テキストシリーズ』刊行に当たって

「医療経営士」が今、なぜ必要か？

　マネジメントとは一般に「個人が単独では成し得ない結果を達成するために他人の活動を調整する行動」であると定義される。病院にマネジメントがないということは、「コンサートマスターのいないオーケストラ」、「参謀のいない軍隊」のようなものである。
　わが国の医療機関は、収入の大半を保険診療で得ているため、経営層はどうしても「診療報酬をいかに算定するか」「制度改革の行方はどうなるのか」という面に関心が向いてしまうのは仕方ない。しかし現在、わが国の医療機関に求められているのは「医療の質の向上と効率化の同時達成」だ。この二律相反するテーマを解決するには、医療と経営の質の両面を理解した上で病院全体をマネジメントしていくことが求められる。
　医療経営の分野においては近年、医療マーケティングやバランスト・スコアカード、リエンジニアリング、ペイ・フォー・パフォーマンスといった経営手法が脚光を浴びてきたが、実際の現場に根づいているかといえば、必ずしもそうではない。その大きな原因は、医療経営に携わる職員がマネジメントの基礎となる知識を持ち合わせていないことだ。
　病院マネジメントは、実践科学である。しかし、その理論や手法に関する学問体系の整備は遅れていたため、病院関係者が実践に則した形で学ぶことができる環境がほとんどなかったのも事実である。
　そこで、こうした病院マネジメントを実践的かつ体系的に学べるテキストブックとして期待されるのが、本『医療経営士テキストシリーズ』である。目指すは、病院経営に必要な知識を持ち、病院全体をマネジメントしていける「人財」の養成だ。
　なお、本シリーズの特徴は、初級・中級・上級の3級編になっていること。初級編では、初学者に不可欠な医療制度や行政の仕組みから倫理まで一定の基礎を学ぶことができる。また、中級編では、医療マーケティングや経営戦略、組織改革、財務・会計、物品管理、医療IT、チーム力、リーダーシップなど、「ヒト・モノ・カネ・情報」の側面からマネジメントに必要な知識が整理できる。そして上級編では、各種マネジメントツールの活用から保険外事業まで病院トップや経営参謀を務めるスタッフに必須となる事案を網羅している。段階を踏みながら、必要な知識を体系的に学べるように構成されている点がポイントだ。

テキストの編著は病院経営の第一線で活躍している精鋭の方々である。そのため、内容はすべて実践に資するものになっている。病院マネジメントを体系的にマスターしていくために、初級編から入り、ステップアップしていただきたい。

　病院マネジメントは知見が蓄積されていくにつれ、日々進歩していく科学であるため、テキストブックを利用した独学だけではすべてをフォローできない面もあるだろう。そのためテキストブックは改訂やラインアップを増やすなど、日々進化させていく予定だ。また、執筆者と履修者が集まって、双方向のコミュニケーションを行える検討会や研究会といった「場」を設置していくことも視野に入れている。

　本シリーズが病院事務職はもとより、ミドルマネジャー、トップマネジャーの方々に使っていただき、そこで得た知見を現場で実践していただければ幸いである。そうすることで一人でも多くの病院経営を担う「人財」が育ち、その結果、医療機関の経営の質、日本の医療全体の質が高まることを切に願っている。

『医療経営士テキストシリーズ』総監修
川渕　孝一

はじめに

　医療経営士テキスト第13巻『介護経営』は、主に医療法人の院長・経営者、上級管理職のみなさんに、医療との複合経営として介護事業に取り組むにあたり必要な戦略的思考や観点を学んでいただくような内容になっている。併せて、社会福祉法人や民間事業者など従来から介護事業に取り組んでいる経営者・管理職のみなさんに、幅の広い、そしてやや奥行きのある戦略思考を身につけていただくことも狙いとしている。

　介護事業は、介護保険法・制度そのものの改革や医療その他の隣接サービスとの役割分担など、大きく変化しつつある。本書では、その基本的な方向を「地域包括ケア・システム」と考え、医療界・介護業界のリーダーのみなさんが、この新しい方向性に積極的に、また創意工夫をこらして挑戦していくために参考となる論点を解説している。

　また本書では、スウェーデン、フィンランドなど海外の先進事例について、多く解説するようにした。事業経営戦略は、単に制度をうまく用いるだけの経営ではなく、次代の介護システムをリードするような創造的なものであってほしい。

　介護の分野は制度的に若い。それだけに、事業現場からの創造的な提案が大きな意味を持つ。本書を参考にしていただければと願う。

小笠原　浩一

目次 contents

『医療経営士テキストシリーズ』刊行に当たって …………………………… ii
はじめに …………………………………………………………………………… iv

第1章 介護経営のイノベーション戦略 …… 1

1 介護経営におけるイノベーション …………………………………… 2
2 介護事業の組織 ………………………………………………………… 5
3 介護ニーズの拡大と医療・介護複合経営の展開 …………………… 8
4 「介護」概念のリノベーション ………………………………………… 11
5 サービス組織のイノベーション ……………………………………… 14

第2章 地域包括ケアの戦略 …… 19

1 地域包括ケア・システムの考え方 …………………………………… 20
2 地域包括ケアの方向性 ………………………………………………… 23
3 地域包括ケアにおける介護保険事業の役割 ………………………… 26
4 地域包括ケアを支える介護・医療サービス ………………………… 29
5 多機能フル装備型経営 ………………………………………………… 31

第3章 地域包括ケアの実践 …… 35

1 相談・支援機能の拡充 ………………………………………………… 36
2 在宅ケアの再構築 ……………………………………………………… 39
3 地域リハビリテーションの促進 ……………………………………… 42

| 4 | 介護予防の促進 ……………………………………………… 45
| 5 | 「住まい」と介護 …………………………………………… 48

第4章 介護人材マネジメントの戦略 …… 53

| 1 | 人事制度の構築 ……………………………………………… 54
| 2 | 雇用ポートフォリオ ………………………………………… 57
| 3 | 人材育成 ……………………………………………………… 60
| 4 | 職種間連携 …………………………………………………… 63
| 5 | "ひと"を活かす仕組みづくり …………………………… 65

第5章 介護サービスの戦略 …… 69

| 1 | 介護サービスの体系化 ……………………………………… 70
| 2 | アクティビティの推進 ……………………………………… 73
| 3 | チームケアのマネジメント ………………………………… 76
| 4 | 附帯業務・外部委託の効率化 ……………………………… 79
| 5 | 連携による事業適正化 ……………………………………… 83

第1章
介護経営のイノベーション戦略

1 介護経営におけるイノベーション
2 介護事業の組織
3 介護ニーズの拡大と医療・介護複合経営の展開
4 「介護」概念のリノベーション
5 サービス組織のイノベーション

1 介護経営における イノベーション

1 介護を経営する

　医療経営のマーケティング戦略にとって、いわゆる「介護」事業は、介護保険法制定当時にいわれた附帯事業という性格を一変させ、主力事業の位置付けを有するようになっている。整形外科単科病院であったものが、リハビリテーション部門の拡充や、老人保健施設の併設、さらには各種通所事業や有料ケア付きマンションの経営へと、介護関連事業を主力に置きながら総合医療介護事業体へと展開した成功事例は、全国におびただしい数が存在する。介護事業は、病院本体事業の横出し部分から出発したが、いまや、予防から終末期医療・介護までの連続した事業フローをけん引する戦略的に基幹となる事業へと成長してきているのである。総合化・多角化が待ったなしの病院経営にとって、介護事業は経営の趨勢を左右する位置にある。

　医療事業の経営者にとって、介護事業とは、医療の強みを最も活かすことのできる有利な分野である。介護を必要とする方々は、その多くが医療ニーズを抱えた医療機関のクライアントでもある。医療機関の強みは、医師、看護師、コ・メディカルスタッフといった業務独占性を有する専門職が関わることで、エビデンスやアウトカムの信頼性を背景に置いて、介護の方法や過程の安心を担保することが可能な点にある。

　介護事業においてサービス提供面で最も難しいのは、心理的調整型の業務領域や関係調整型の領域である。具体的には、認知機能の評価、情動的行動への対応、睡眠障害への対応などの医療的鑑別・診断が重視される領域や、職種間協働の調整や家族との協働など医療的評価が信頼性に影響を与える相談・支援的領域である。そのような領域に質の高いサービスを提供していくことが介護事業成功のカギになるが、医療と介護の複合経営はこれを担保するうえで有利な条件といえる。

2 イノベーションとは

　イノベーションとは、既存の技術、組織、社会システムを革新的に発展させるための設計デザインを生み出す新しい思考基軸のことである。事業経営者は、複雑な事業環境の変化に素早く対応して、従来の経営管理の技術や管理組織、取り引き関連を含む経営システ

ムの体系を戦略的に改革していくことを常に求められている。その戦略立案の重要な要素が、目標とそれを達成する方法論における斬新な思考基軸である。

イノベーションには、表1－1のように、これまでのやり方の延長にちょっとした工夫や改善で生まれるイノベーション（「漸進的・機械的イノベーション」＝「ちょっとしたイノベーション」）と、経営の仕組みや基本的な考え方そのものを新しくつくり替えるために取り組まれるイノベーション（「構造的・自律的イノベーション」＝「本格的なイノベーション」）がある。「ちょっとしたイノベーション」を進めるためには、改善提案制度やヒヤリ・ハット対策、顧客苦情解決の仕組みなどが有効である。「本格的なイノベーション」への取り組みは、経営陣のしっかりした戦略判断と改革のタイミングについての判断が必要で、漫然と待っていても進むものではない。

表1－1　介護経営イノベーションのタイプ

組織イノベーションのタイプ		サービスイノベーションのタイプ	
		漸進的イノベーション	構造的イノベーション
	機械的イノベーション	原動力＝顧客満足 サービス事業者＝ファシリテーター	原動力＝高付加価値戦略 利用者＝普及・機能改善提案
	自律的イノベーション	原動力＝マーケティング サービス事業者＝クリエーター	原動力＝価値創造戦略 利用者＝学習・協働的創造

3　医療介護経営におけるイノベーション

基本的に制度事業である医療や介護のように、法律や給付基準が頻繁に変更される領域の事業経営にあっては、短期的なスパンにおける漸進的改革と中・長期的視野における構造的改革とのバランスが大切である。また、制度や給付内容の変更に伴って自動的に必要となる改革や経営目標と、経営ビジョンに基づき戦略的・自律的に取り組まれる改革との仕分けが重要になる。

顧客満足や利用者本位といった「ちょっとしたイノベーション」の段階には、どんな事業者も取り組む。しかし、それは短期的視野であって、事業に持続的な成長をもたらすようなイノベーションにはならない。やはり、「本格的なイノベーション」を常に意識する必要がある。医療介護事業は、命や幸せを支える仕事である。その事業に、これで完成という終着点はない。魅力ある目標を掲げ、利用者の参加を促し、サービスの質の面でもコストパフォーマンスの面でも優れたサービスの内容と提供プロセスを、利用者と一緒になって創造していくこいとを常に意識した経営が大切である。また、利用者参加を促すには、従業員のイノベーションへの参加意欲が不可欠である。経営者には、事業環境からも

たらされる情報と現場からもたらされる情報とを、戦略的な適応の観点に立って総合し、創発する能力が必要とされよう。

② 介護事業の組織

1 これからの介護事業の組織

　介護事業経営には、小規模・単一事業で成り立つものから、病院を中心にリハビリテーション系、施設介護系、居宅介護系など複合的な事業コンプレックスを運営するものまで、さまざまな組織形態が存在している。介護保険法では、どのような介護事業組織が望ましいかについては、特に要件を課していない。そのことから、事業所数の増大、1事業所当たりの顧客数の減少、高コスト体質の経営が、介護市場の不安定要因になっている。

　また、介護事業経営は、民間営利事業者も参入するし、社会福祉法人や医療法人といった特別法人に加えて、NPO法人その他の特殊法人の参入も比較的容易な仕組みになっている。介護サービスでは、特に居宅介護分野を中心に「選べる」ということが大切な要素になることから、サービス供給主体の多様性はむしろ望ましいこととされてきた。

　今後、介護サービスのあり方が大きく変わっていく。相談支援事業や在宅医療・リハビリテーションなどと連携して、利用者およびその家族に対し継続的・総合的な支援の機能を果たすことが求められるようになっている。介護サービスが「地域包括ケア・システム」の有機的な要素と位置付けられるようになる。それにふさわしい事業組織づくりが求められることになる。

2 多機能フル装備の地域ベースキャンプを目指せ

　「地域包括ケア・システム」というのは、保健・医療・福祉・介護が包括的に連携して、予防からターミナルケアまで、継続的に支援する仕組みである。この仕組みは、2005（平成17）年介護保険法改正、2006（平成18）年医療法改正から導入され、本書第2章「1節　地域包括ケア・システムの考え方」で述べるように、2025年を目途に完成を目指すことになる。

　「地域包括ケア・システム」では、地域包括支援センターをはじめとして、多くの異なる専門機能を持つ事業者が、地域の中で効果的に連携を組みながら、サービスを迅速・適切に、また切れ目なく提供していくことになる。このような統合された仕組みでは、その核となるベースキャンプ機能が不可欠である。現在のところ、地域の中でベースキャンプ

機能となり得るのは、介護施設を運営する社会福祉法人か病院・リハビリテーション施設を運営する医療法人しかない。専門人材や専門知識がプールされており、地域へのアウトリーチ機能も期待でき、相談支援の窓口にもなることができ、しかも医療・介護のサービスを包括的に提供できるという意味で、多機能フル装備だからである。

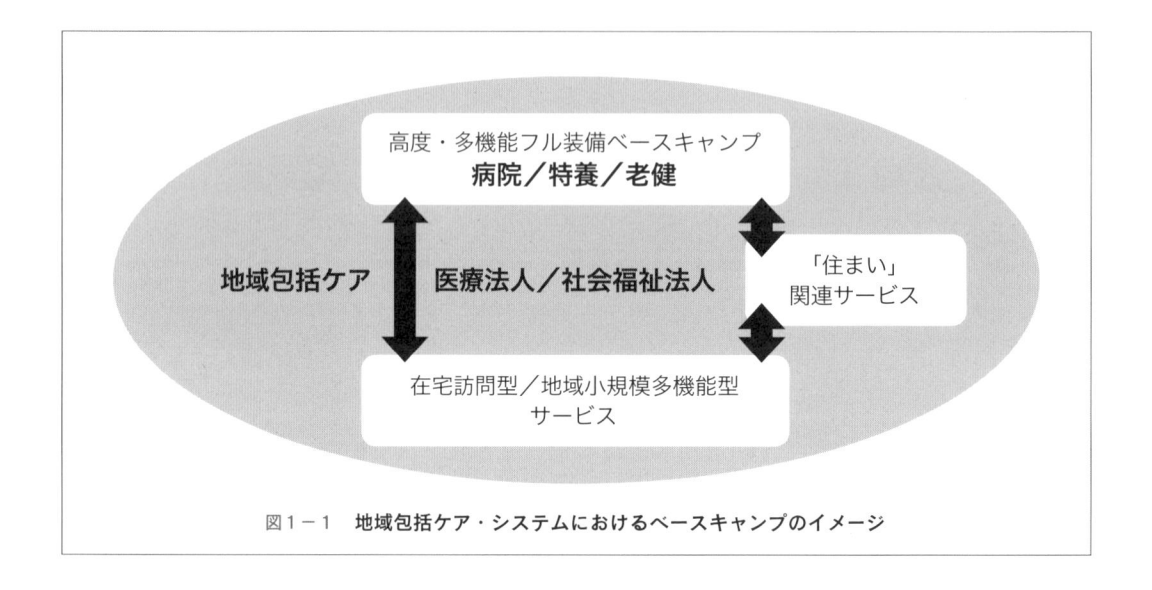

図1-1　地域包括ケア・システムにおけるベースキャンプのイメージ

3　ベースキャンプ化へのキーワード

　ベースキャンプ化を目指す介護事業経営にとって、統合性、継続性、柔軟性がキーワードになる。

(1) 統合性

　統合性とは、事業所内の各種専門能力を一体的に組み立てることである。サービス事業は、効率性も収益性も顧客満足もリスク・マネジメントも、すべて人的な職務遂行能力の高さが決め手になる。事業の統合性を高めるには、雇用ポートフォリオを含む内部労働市場や能力開発・管理における一体性が基本となる。

　医療機関が介護事業を展開する場合、検診・予防機能や治療・回復機能に加えて、栄養指導、口腔ケア、各種相談支援、家族関係の調整など、利用者の生活の自立を心身機能面でも社会的環境整備の面でも回復・増進していくためのサービスを一体で動かすことができるというメリットを持っている。それぞれが専門職業的サービスであり、サービスの現場では職域や職掌による自律性を当然のこととして、日々の業務が組み立てられていく。経営者・上級管理者の役割は、そうした各種専門職能的資源の育成・配置と効率的な運用について、事業全体の統合性や効率的役割連携の視点から戦略的に計画・調整することに

ある。特に、人時生産性(職員一人が一定の時間内にどれだけ効率的に仕事を遂行できるのか)の考え方を柱とする、職域編成の弾力化や組織の機能的柔軟性の確保などに目を配ることにある。

(2) 継続性

継続性には2つの意味がある。①メリットの持続可能性という意味と、②利用者の生活の自立を支え続けるという意味である。医療事業は、毎年の診療報酬改定に大きく左右される。介護報酬との同時改定も3年という短期スパンで行われる。このことから、事業は国の施策に左右されがちであり、収益性の改善や附帯・外注事業の効率化といった事業体質に関連する改革に抜本的に取り組むことが後回しにされがちである。短期的視野のメリットが、事業体質の中・長期的な改善にどうつながっていくのか——。短期の改善と中・長期の改革とを整合させる事業改革ロードマップを持つ必要がある。

(3) 柔軟性

柔軟性とは、サービス資源の調達・配置における柔軟性とともに、サービス資源の運営における柔軟性も含んでいる。医療・介護サービスは、1つの目標を共有する一連の流れを成しているが、それは関係する多専門職間の役割の流れでもある。役割の流れは、1つひとつの持ち場を担当する職員間のコミュニケーションを媒介とする。コミュニケーションとは、単に「伝えた」「聞いた」の関係をいうのではなく、流れの中で一人ひとりの位置を定義付け、流れ全体を秩序付けるものであるから、そこには職種の垣根や経営管理上の形式的な部門・職掌を越えた実質的で柔軟な組織内意思疎通の仕組みが求められる。

3 介護ニーズの拡大と医療・介護複合経営の展開

1 介護ニーズの拡大

　介護ニーズは、高齢人口の増加や後期高齢者割合の上昇といった人口高齢化に起因すると思われがちだが、そう簡単ではない。要介護状態は、一般的には加齢を原因とすることは間違いないが、加齢に伴って誰もが同じような過程を経て、同じように深刻な要介護状態になるわけではない。要介護原因が予防されれば、要介護者も減少する。疾病や障害の予防や回復がきちんとできれば要介護者は減少する。たとえ要介護状態になっても、程度は軽くてすむ。つまり、介護ニーズは予防健康増進やリハビリテーションなど社会的な取り組みを通じてコントロールできる。
　また、介護ニーズというのは、介護保険制度上の介護認定でいうところの「要介護状態」だけを指すのではない。要介護状態に陥らないように予防することや、活き活きと毎日を過ごすことができるような生活環境づくりなど、広い範囲のニーズが存在する。
　医療・介護複合経営を展開するにあたり、地域における介護ニーズを戦略的にコントロールしていくという視点が重要になる。その場合の介護ニーズというのは、介護保険制度内の給付サービスに直結する狭い範囲だけを想定しているのではないということを意識する必要がある。

2 「介護」概念の見直し

　医療・介護複合経営の展開にあたり、「介護」概念が変化しつつあることを踏まえておくことも大切である。「要介護状態」とは、「身体上又は精神上の障害があるために、入浴、排せつ、食事等の日常生活における基本的な動作の全部又は一部について、厚生労働省令で定める期間にわたり継続して、常時介護を要すると見込まれる状態であって、その介護の必要の程度に応じて厚生労働省令で定める区分(要介護状態区分)のいずれかに該当するもの(要支援状態に該当するものを除く)をいう」と定義される(介護保険法第7条第1項)。この定義では、心身機能障害(impairment)に起因する日常生活上の基本動作(BADL:Basic ADL)の困難(disability)に対し、継続的に実施される支援行為のことを「介護」とみなしている。いわゆる「身体介助」を中心にした概念である。

介護ニーズの拡大と医療・介護複合経営の展開 ❸

　ところが、このような介護保険制度上の「介護」概念は、今日の介護ニーズの拡がり・多様化や将来の介護システムの展開方向を考えると、やや陳腐になりつつある。今日では、認知症状態にある方が日常生活を円滑に送ることができるよう支援する場合に、身体介護で事たりると考える専門家はいない。医療的モニタリングと一体での介護サービス提供や、メンタルな問題を抱える要介護高齢者の生活を支える特別なサービスプログラムなども不可欠になっている。加えて、介護サービスが地域包括ケアにトータルシステム化されていく今後にあっては、介護サービスと「住まい」との分離が確実に進んでいく。これに伴って、「住まい」に附帯する予防健康サービスや生活支援関連サービスが拡大するだろう。

　また、介護サービスは、今後、基礎的医療や心理・リハビリテーションなどとの知識・技能面での近接性を高めながら、高度な専門サービスへと展開していくことが予想される。その結果、家事援助サービスなどは「住まい」関連サービスとして市場での弾力的かつ多様性に富んだ供給にふさわしいものへと変化していくことになる。また、地域における支え合いの対象として、非営利活動や住民の互酬活動などとの結び付きを強めていくことになる。これに対し、介護サービスは高度専門化の度合いを高め、医療との一体的供給がふさわしいサービス領域になっていくものと考えられる。

　現在の予測では、概ね2025年を目途にそうした地域包括ケア・システム化が進むことになる。2012（平成24）年に予定される医療、介護両報酬改定において、その道筋が見えてくるであろう。

3　医療・介護複合経営

　医療・介護複合経営は、医療法人が地域包括ケア・システムの中核となり、多機能フル装備のベースキャンプ機能を持つという構想である。同時に、医療法人が高齢者のライフイベントの流れに即して、予防健康増進からターミナルケアまで、連続的・総合的に責任を持つという構想でもある。そこでは、医療法人が保有するメディカル、コ・メディカル、介護等のサービス資源を充実させながら、地域の保険外サービス資源と最適に連携させることで、資源活用の最大効果を上げていくという戦略的発想が求められる。

　フィンランドのエスポー市で実践されている地域包括ケアの資源活用モデルが、1つの先例として参考になる。

　フィンランドでは基礎自治体（市と町）が地域包括ケアの運営主体になる。特別法人制度を有するわが国では、医療法人や社会福祉法人が、地域包括ケアのベースキャンプ機能を提供することになる。経営面から見た要点は、①リスク段階や要介護段階の水際線をできるだけ下方に安定させるという観点から、予防健康増進に優れたサービス資源および介護リスクのコントロール機能に優れたサービス資源を各段階に集中投入すること、②その考え方の中で医療と介護の役割分担を明確にすること、そして③ターミナル段階のケアを

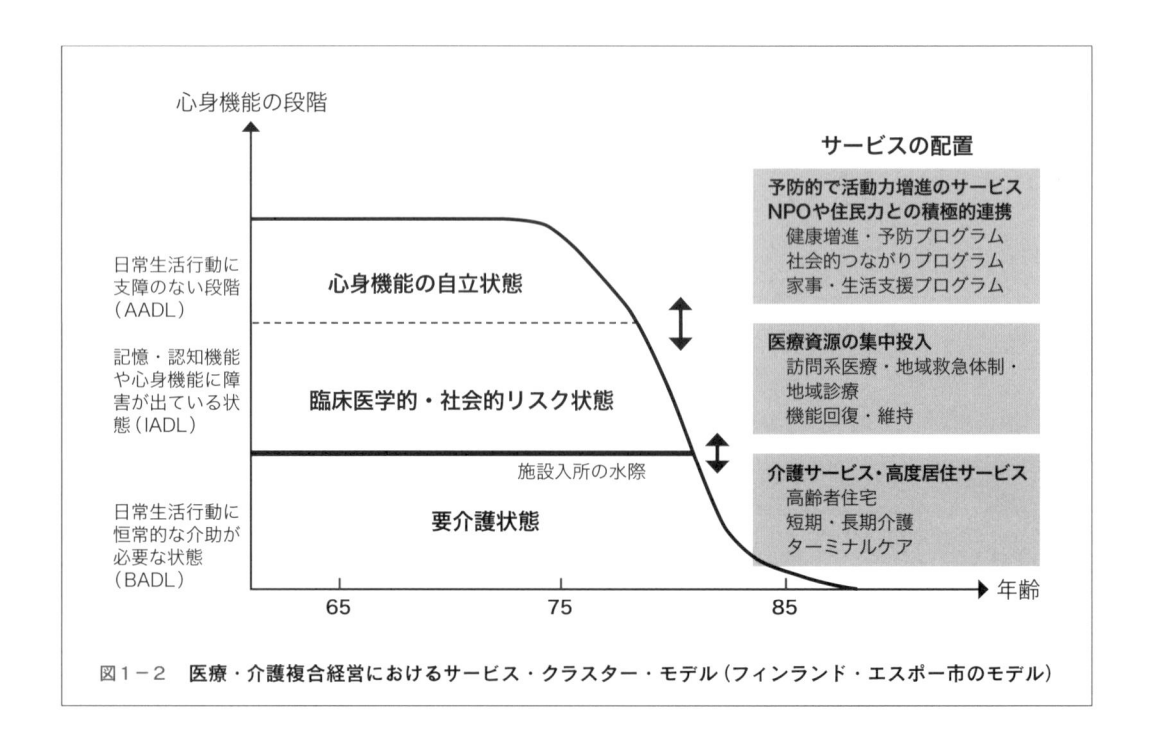

図1−2 医療・介護複合経営におけるサービス・クラスター・モデル（フィンランド・エスポー市のモデル）

医療に依存しないでしっかり担い得る高度な介護サービスを確立すること、にある。
　サービスの第一線を支える専門人材のスキルの高度汎用化と、チームケアの充実がキーワードになることはいうまでもない。

4 「介護」概念のリノベーション

1 制度上の「介護」

　「介護」という言葉は、老人福祉法が制定される時に、「看護」と「介助」とを組み合わせて造語されたものであっただけに、その後、「介護」の範囲や専門性の中身をめぐって、現在に至るまで、介護現場や社会の中に混迷が生まれることになった。介護保険法第7条は、「この法律において『要介護状態』とは、身体上又は精神上の障害があるために、入浴、排せつ、食事等の日常生活における基本的な動作の全部又は一部について（中略）継続して、常時介護を要すると見込まれる状態である」と定義している。日常生活を自立して送ることのできる心身機能面での能力（ADL）を中心とした概念である。

　しかし実際には前節でふれた通り、「介護」に求められる役割は、こうしたADL中心の定義をはるかに越えるものになっている。**表1-2**のように、介護をADL支援とイコールで捉える考え方は、現在では狭義の解釈となっており、「生の活性化」支援や「その人らしく生きることの支援」といった広義の定義が一般化している。

表1-2　「介護」の定義

	「介護」の中身	看護との関係
狭義の解釈	心身機能障害に伴う 日常生活行動上の困難に対する支援行為	標準看護行為の中の特定の領域と重複
中義の解釈	生活（生の活性化）の支援	看護と目標を共有
広義の解釈	その人らしく生きること（自立）の支援	看護より包括的な目標、行為類型も独自

　つまり、「介護」の概念には、介護保険法で想定されるものと、専門家がそうあるべきと考えるもの、あるいは現場の専門職が実際に必要と考えるものとの間に、大きな開きが生じている。

第1章 介護経営のイノベーション戦略

2　必要性としての「介護」

　介護事業を経営する立場からすれば、制度上、何ができ何ができないのかと考えるよりも、高齢者やその家族のニーズの実勢がどのようなものかを把握し、その中から事業現場から捉えた「介護」概念をつくっていくことが重要である。

　例えば、地域包括支援センターの介護予防事業の利用率は極めて低調である。なぜ低調なのか――。高齢者ばかり集めるやり方が受け入れられないとか、プログラムが特定高齢者に限定され参加者の意欲や能力、自己意識の現在値を踏まえていないとか、3か月という短期間で何をどう改善できるのか見えないとか、そもそも引きこもってしまい仲間に入ることが難しいといったような、高齢者の生活の中に「介護」ニーズの実態がある。また、高齢者や家族は、ていねいに相談にのってもらいたいというニーズ、サービスやそのアウトカムをもっと「見える化」してもらいたいというニーズを抱えている。縦、横、高さが決められている制度サービスを、こうしたニーズ実勢にうまく当てはめて運用する工夫や、制度内サービスに制度外サービスを組み合わせて最適なパッケージを提供するノウハウづくりが求められている。

3　事業経営の対象としての「介護」

　「介護」とは、サービス・保険給付に結び付いているものだけをいうのではない。その前段階にあるケース発見、相談支援、環境改善、つながりの確保など、丁寧に行うことで、より多くの方が介護保険内サービスを利用することにつながるような「手前のサービス」や「水際のサービス」も、事業経営の観点からは見逃せない。実際、ケアマネジャー（介護支援専門員）は、ケアプランに直接結び付かない相談にも、多く関わっている。

　そこで参考例として、フィンランド・エスポー市が目指す「介護」イメージを図1－3に示してみた。これは、「介護」サービスの実施を民間に委託することを前提に、民間事業者が考慮すべきサービス・モデル図として作成されたものである。

　ここで特徴的なことは、①相談支援機能を身近に配置し、ボランタリー機能と一体で、ケース発見、スクリーニング、制度サービスへのつなぎへと展開させること、②介護サービスとして提供される範囲が予防、救急、リハビリテーション、終末期、住まいと、継続的で広範であること、③品質向上、生産性・効率性、情報、環境、文化、技術などサービスのイノベーションを支えるツールが意識されていること、などである。

　これは行政のガイドラインとして描かれた介護サービス体系図であるが、「介護」の範囲の捉え方、相談支援やインフォーマル・セクター機能との連携の重要性、そのコストを吸収するためのサービスの質的向上と生産性・効率性の推進、支援的技術の活用などの指向軸が示されている。制度的サービスの枠と保険給付内容に依存しがちなわが国の介護事

「介護」概念のリノベーション ❹

業にとっては、参考になる。

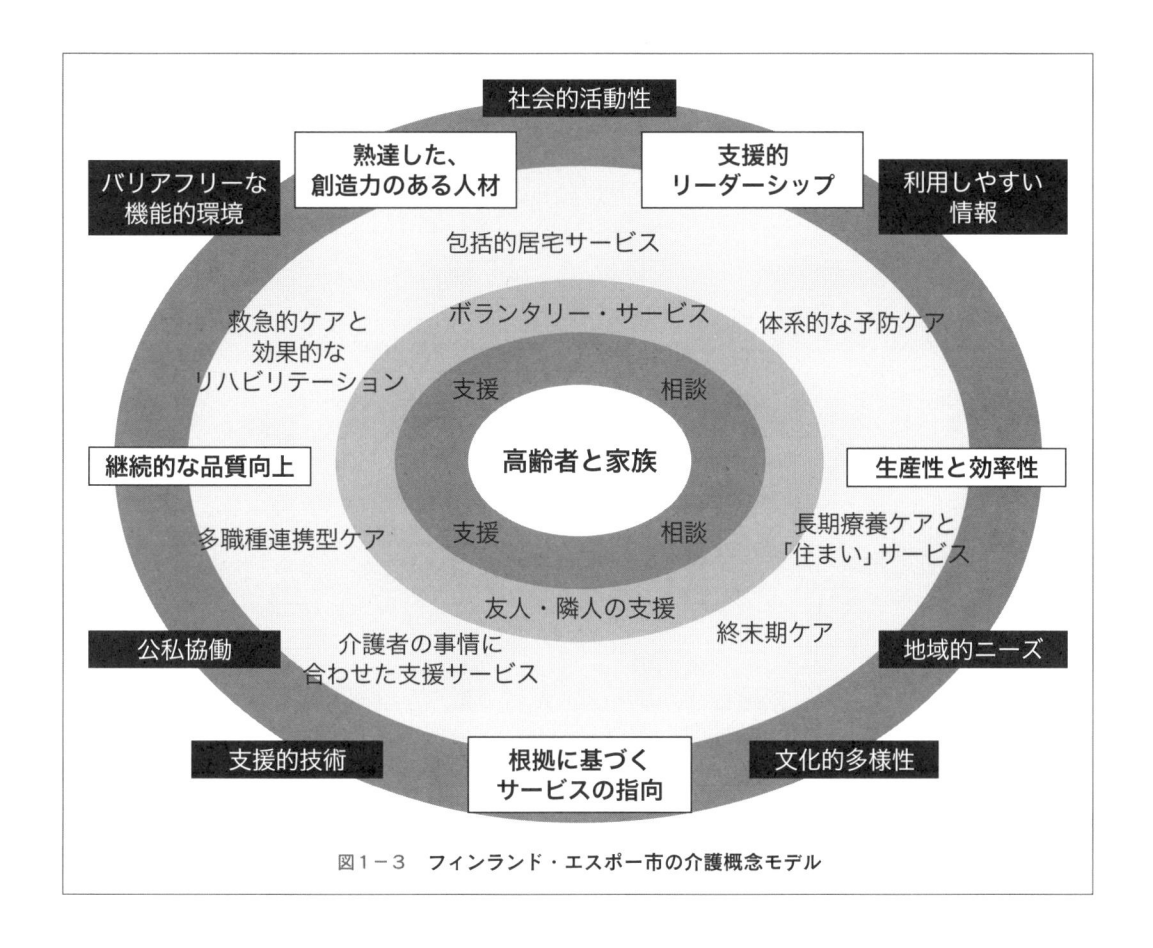

図1-3 フィンランド・エスポー市の介護概念モデル

外周ラベル：社会的活動性／バリアフリーな機能的環境／熟達した、創造力のある人材／支援的リーダーシップ／利用しやすい情報／継続的な品質向上／生産性と効率性／公私協働／地域的ニーズ／支援的技術／根拠に基づくサービスの指向／文化的多様性

外円：包括的居宅サービス／救急的ケアと効果的なリハビリテーション／体系的な予防ケア／多職種連携型ケア／長期療養ケアと「住まい」サービス／介護者の事情に合わせた支援サービス／終末期ケア

中円：ボランタリー・サービス／友人・隣人の支援

内円：支援／相談／支援／相談

中心：高齢者と家族

5 サービス組織のイノベーション

1 サービス組織の意味

　介護サービスをはじめ、保健、医療、福祉分野のような対人サービスでは、サービス提供プロセスそのものがすでに1つの組織を成している。経営学では、組織は「協働の体系」と考えられている。それは、一人の力では到底遂行できないような目的を、複数の力を合理的に協働させて達成するための人為的な仕組みである。組織は自然発生的に創られるものではない。そのため、組織は一種のネットワークのようなものだともいわれている。共有された目的を、各メンバーの力をつなぎ合わせて、最短時間と最少コストで達成するのがネットワークである。

　そのことから、サービス組織には、サービスがどのような目標で組み立てられ、どのようなルールのもとで、どのような役割（ロール）の配置で、いかなる手段（ツール）を用いて、その目的を実現していくのか、という組織の構造がある。また、その組織構造のもとで、個々の専門知識を有するメンバーが、個人としてあるいはチームとして、どのようなパフォーマンスを行っていくのか、それはどう評価されるのか、といった行動がある。つまり、組織はルール・ロール・ツールと行動とによって成り立っている。

2 構造的なレベルの組織

　医療や介護では、行政官僚組織に見られるような、縦の管理（ライン・アンド・スタッフ）はなじまない。縦の管理は、そもそも定型的な仕事や標準化された役割分掌が存在するところで威力を発揮する。ところが、医療や介護は、ケース・バイ・ケースの世界である。人間を相手に、命や生と直接向き合う対人サービスの世界には、臨機応変な柔軟性や状態変化に即座に対応する裁量的判断が不可欠だからである。医療や介護には、多様な専門職が横につながった組織が望ましい。

　そうしたネットワーク型の組織は至るところに存在するが、しっかりした持続性を持つネットワークの例はまれである。そのようなネットワークがどのようにできているかを分

＊1　小笠原浩一・島津望著『地域医療介護のネットワーク構想』、丁倉書房、2007年、pp.133-135。

析すると、次のような共通した要素が存在している[*1]。

①コア・ネットワークの存在

ネットワークの立ち上げの中心となり、その後も中心的な担い手となる人々（コア・ネットワーク）が必ず存在する。病院長や開業医、ボランティアリーダー、進歩的な社会福祉法人経営者、自治体の首長など、地域の中心的なリーダーである場合が多い。

②目的の脱自利性

コア・ネットワークが立ち上がる際にどのような目標が共有されたかが重要である。「寝たきりをなくそう」とか「孤独死ゼロ」といった普遍的な目標が共有されている。その目標を達成するために、ネットワークの参加主体が拡大し、地域単位の持続的なつながりに成長していくという経路をたどる。こうした目標は、その達成から得られる成果を、分割して個人のものにすることができないような脱自利的な性質を持っている。

③専門主義の自発性

専門家たちの連携のメカニズムが重要である。医師は、命を救うことはできる。しかし、自宅に戻った患者の機能回復ぶりや日常生活の様子までケアすることはできない。1年もすれば、患者は病院に戻ってきてしまう。真の専門家は、自分のできることや可能性の範囲をわかっており、寝たきりにしないという目標のためには、自分のできない部分について、どのような専門家と連携・協力すべきかを理解している。理解しているだけではなく、自ら行動して協力体制をつくり上げていく。その行動力への信頼が、同じような目標を意識していた地域の多様な主体の求心力を高めていくことになる。

3　ネットワーク型組織のイメージ

　サービス・ネットワーク組織は、このように、まず普遍的な目標を共有するコア・ネットワークから立ち上がり、多様な専門領域を有する主体を巻き込みながら、結果として、地域の単位に拡がりを持つ「範囲ネットワーク」へと展開する。介護サービスは、医療、リハビリテーションや相談支援といった他の専門サービスと一体で提供されて初めて効果を上げるものであるし、地域の介護ニーズの実勢は多様であることから、ネットワークの掲げる目標を達成するためには、サービスやその提供方法を絶えずイノベーションしていくことも必要となる。

　このことを踏まえて、本書の執筆メンバーらが中心となり、4か所の地域包括支援センターや、行政、IT企業、NPO、地域組織などと一緒につくり上げた包括的メンタルヘルス対策の地域イノベーション・クラスター・ネットワークが図1－4である。

　各主体の役割は明確である。コーディネーターはこの地域の中核的老人保健施設の主任ケアマネジャーで、関係方面に十分なつながりを有する、調整力ある人物である。図1－4はイノベーション・クラスターのネットワーク図であるからサービス提供事業者が中心

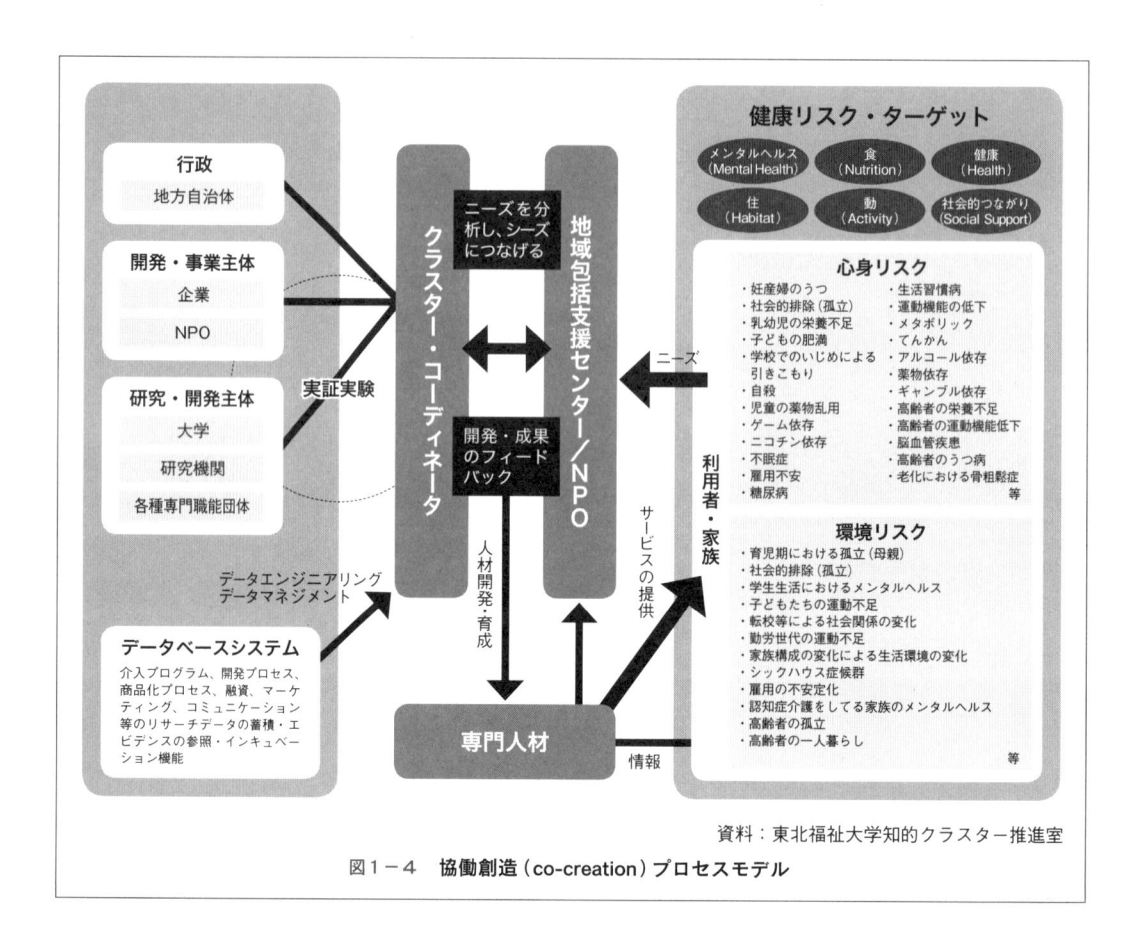

第1章 介護経営のイノベーション戦略

資料：東北福祉大学知的クラスター推進室

図1-4 協働創造（co-creation）プロセスモデル

に描かれていないが、サービス提供を主目的とする地域ネットワークの場合も、考え方は同様である。

　すなわち、ニーズの実勢はリアルな生活の中にあり、生活の中に「生み出す力」がある。そのため、「よく観る→つながる→一緒に創る」という「生活に根ざす協働的創造」が、方法論として大切になる。生活とイノベーションをつなげるニーズ吸収の窓口が必要だ。この図の場合には、地域包括支援センターとなる。窓口は必ずしも分析力を持つわけではないので、専門的な経験知を持ち、窓口情報をイノベーション情報につなげるコーディネーターを置く必要がある。そして、知的・実践的シーズ（種となる資源）を有する行政、民間事業者、大学等を連携させ、プロジェクトを立ち上げ、ソリューションを開発・実験し、サービスへと落とし込んでいく。サービスが新しいものになれば、人材も新しく育成する必要がある。同時に、データベース機能の共有は、ネットワークの展開を客観的データで担保するものとして常に重要となる。

4　ミクロ組織のイノベーション

　病院や社会福祉法人といったミクロな事業組織のイノベーションも、理屈はこれとまったく同じである。①中心になるリーダー的職員の職域や職掌をまたいだコア・ネットワーク、②脱自利性を特徴とする目的の共有、③専門主義の自発性に根ざした自発的な連携・協働、である。職員の潜在能力を過小評価せず、経営体として公共性のある目標を掲げ、専門性を発揮する中から連携の必然性が見えるような、働く環境を整備する。これが、ミクロのサービス組織のイノベーションのコツである。

第2章
地域包括ケアの戦略

1 地域包括ケア・システムの考え方
2 地域包括ケアの方向性
3 地域包括ケアにおける介護保険事業の役割
4 地域包括ケアを支える介護・医療サービス
5 多機能フル装備型経営

1 地域包括ケア・システムの考え方

1 介護保険制度における「地域包括ケア」

　2005(平成17)年介護保険法改正において「地域包括ケア」という考え方が導入された。法改正時には、「介護保険改革の柱」として、「予防重視型システムの創設」(新予防給付ならびに地域支援事業の創設)、「施設給付の見直し」(ホテル・コスト部分の徴収と低所得者への配慮)、「新たなサービス体系の確立」(地域密着型サービスの創設、居住系サービスの充実、地域包括ケア体制の整備＜地域包括支援センターの設置＞、中重度者への支援強化、医療と介護の機能分担・連携)など6つの大項目が置かれ、「地域包括ケア体制」はその中の1つの改革項目にすぎなかった。

　しかし、「地域包括支援センター」が設置され、「予防重視型」とされる新予防給付や地域支援事業をセンターが中心になって推進することになり、併せてかかりつけ医やサービス事業所との連携が進むようになると、「地域包括ケア」は地域医療・福祉・介護の包括システムとみなされるようになる。そして、2009(平成21)年に「地域包括ケア研究会」が設置されると、すでに先進的実践の中から提起されていた居住とサービスとの分離、サービス機能の施設外への拠点集約化、医療と介護の包括化などの構想を取り込みながら、「地域包括ケア」は将来の地域医療・福祉システムのプロトタイプ(原型)とみなされるようになる。現在では、今後のわが国の介護システムを「地域包括ケア」としてシステム化させるという方向性が明瞭になっている。

2 地域連携の将来戦略としての「地域包括ケア」

　現在のところ、「地域包括ケア」をどのような内容で展開させていくかについて、論点整理が進んでいる。政策的な検討課題として、①家族、地域住民、NPO、公的セクターの支え合いのあり方(いわゆる、自助、互助、共助、公助の関係)、②地域社会における介護との関連における生活サービスのあり方、③居住とケアの関係、④介護と医療の役割分担と連携、⑤介護保険制度が果たすべき役割、などが指摘されている。これらは、施設と住宅との垣根を解消し、住まいとケアを分離すること、利用者の生き方の保障という観点に立った医療、介護等の最適な役割分担、地域を枠組みとするサービスの提供体制と費

用保障のあり方、その中における介護保険財源で提供すべきサービスの範囲といった、抜本的な見直しの論点を含んでいる。

また、「地域包括ケア・システム」についても、枠組みのイメージはほぼ固まってきている。①30分以内日常生活圏内に医療・福祉・介護・生活サービスが一体で利用できるような供給体制であって、②ニーズに応じた住まいの提供が可能で、③生活上の健康、安全、安心を確保できるような適切な機能がそろっている――このようなシステムを「地域包括ケア」と定義しようという方向である。

「地域包括ケア研究会」などでの枠組み議論では、こうした柱立ての方向性は見えてきているものの、地域ごとのサービス資源の配置レベルやサービスのラインナップ、互助に関連する地域特性など、実際に「地域包括ケア」を推進することを考えると、かなりそれぞれの地域の個性が出てくる。施設系事業、訪問系事業、地域支援・住宅事業のすべてに範囲を拡げることのできる医療法人や社会福祉法人は、政策議論レベルの「地域包括ケア」に身の丈を合わせるという消極的な姿勢ではなく、事業として個性的な「地域包括ケア」をつくり上げていくという攻めの姿勢で進むことが重要である。その理由は3つある。

① 「地域包括ケア」は、今後、介護保険制度の枠組みを越えて、予防健康増進・医療・リハビリテーション・相談支援・生活支援・ターミナルケアなど、ライフイベントや行動学的病理の発生メカニズムに即して、文字通り包括的なサービス提供の仕組みへと展開していくことになる。その仕組みづくりに責任を負えるのは、実際に地域でサービスを担っている中核的な事業者のみである。
② 住民の健康・医療・福祉・介護ニーズの実勢には地域差があり、その地域の実状に的確に対応できるのは、地域内の中核的な事業者である。
③ 「地域包括ケア」の時代の事業経営には、制度通りのサービスを提供し、規模の利益やコスト削減だけで事業を安定させようとする経営思想では不十分である。連携やネットワークという多様な専門ナレッジ（知価）の統合を通じて、変化する介護ニーズを確実に充足していけるような価値創造型の経営が必要である。それは、経営資源・人材資源・つながりや情報資源を豊富に保有している中核事業者にしかできない大業である。

3 「地域包括ケア」をシステムにするということ

システムというのは、相互に影響し合ういくつもの要素のつながりから成る系（まとまりのある範囲）のことである。宇宙や人体のようにシステムの動きや帰結が定性的である決定論的システムに対し、「地域包括ケア」はさまざまなケースや変化に対し、臨機応変な対応が必要な非決定論的システムである。動きや結果を確率論的に予測はできるものの、基本的にはケースマネジメントを通じた弾力的な動きのコントロールを必要とするシステムである。「地域包括ケア」をシステム化する場合、このマネジメントの仕組みがどのよ

うにできているかが重要である。

　図2－1は、広島県御調町(現尾道市みつぎ)の「地域包括ケア」システム図である。やや歴史的なモデルとなっているが、システム構築の基本思想がよく理解できる。すなわち、①総合病院という中核事業者をベースキャンプとしている、②ベースキャンプ機能と、保健、相談支援、福祉・介護などの各機能ブロックを直接つないでいる、③健康・医療を中心に、予防・回復に力を入れながら、それで担いきれない段階・領域に福祉・介護の機能を集約投入している、などである。

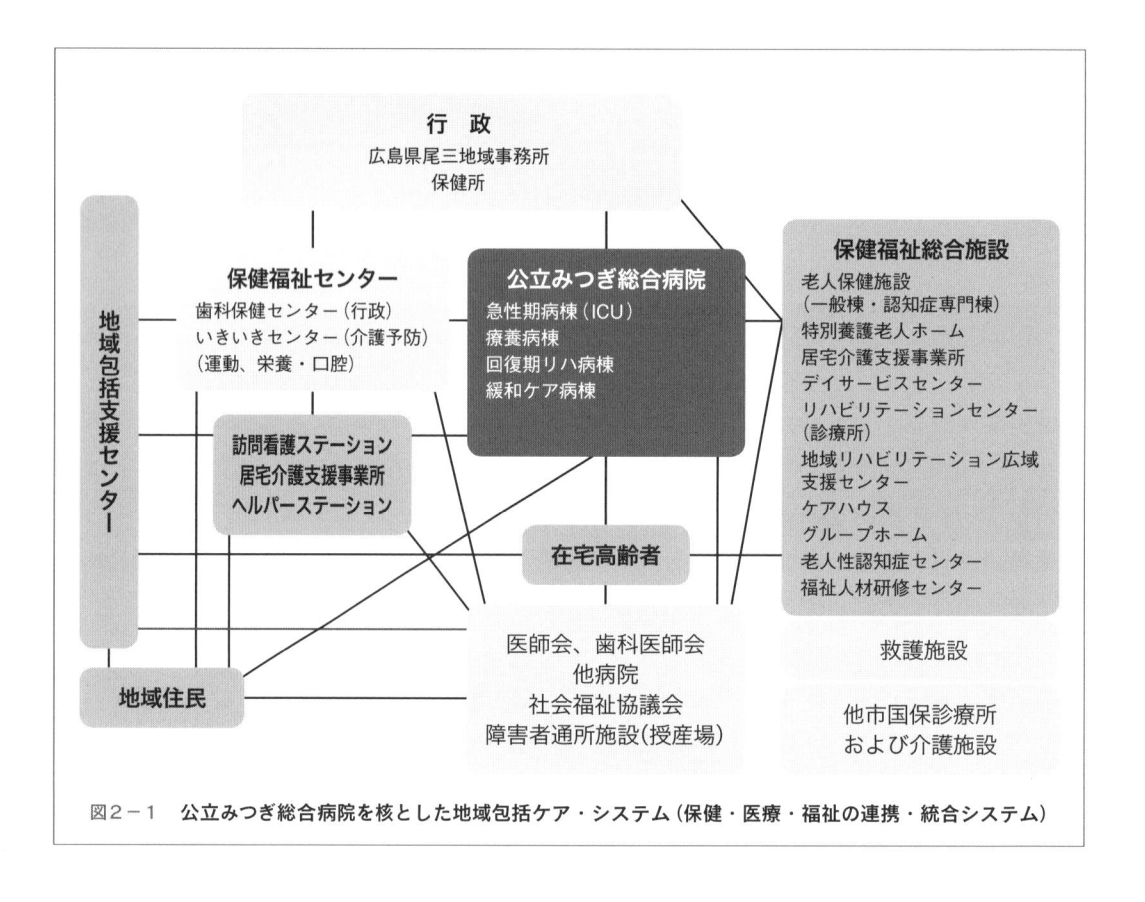

図2－1　公立みつぎ総合病院を核とした地域包括ケア・システム(保健・医療・福祉の連携・統合システム)

　介護事業経営者には、地域内にどのような連携可能なサービス資源がどのくらいあるのか、それを中心的に動かしているのは誰か、個々のサービス事業がどのような実力と特徴を有しているか、実績はどうか、どのような連携課題を抱えているのか、といった基本的な情報を収集し、図2－1のような連携図に集約する力(マーケティング力)が必要になる。このようなマーケティング力は、専門職として現場の知識・経験を積んだものほど、また地域に広いネットワークを持つものほど優れているものであるから、そのような人材を引きつけられるような魅力ある「地域包括ケア」構想を経営者が描けるかどうかである。

② 地域包括ケアの方向性

1　介護保険制度の展開方向

　本章「1節 地域包括ケア・システムの考え方」で述べた通り、今後2025年にむけて、わが国の保健・医療・福祉・介護・生活関連のサービスは「地域包括ケア」のもとにシステムとして連携し、統合的にマネジメントされる方向にむかおうとしている。2012（平成24）年の医療・介護報酬同時改定で、その最初の道筋がつけられることになると予想される。利用者の生活に合わせたサービスの自己選択と、契約に基づく利用を趣旨として発足した介護保険制度が、運用開始から10年を経て、医療との連携を軸に、総合的で継続的な利用者支援体系へと包括化される方向に生まれ変わろうとしているのである。

　もともとEUでは、「健康・社会サービス」という概念が一般的である。心身機能の停廃を予防する健康増進プログラムや社会心理的孤立を防止する生活の社会化プログラム、生活環境上のリスクを予防するソーシャルワークや地域保健活動、住まい保障や配食等の生活基盤整備、さらには文化活動などを促進する生活支援・社会参加プログラム、そして医療、リハビリテーション、介護といったクリニカルな直接支援サービスを体系的に包含した概念として用いられている。わが国の場合、介護保険1つとってみても、高齢者や難病療養の方々に対象が限定されており、障害者自立支援サービスは別建てというように、制度が対象カテゴリー別に細分化されすぎている。制度をもっとグローバルなスタンダードに近づける必要があるのではないかという議論はこれまでもあった。

　ひとの生活は、制度が想定しているほどきっちりと分野別に細分されているわけではない。医療ニーズを抱え、家族の扶養機能も失われ、経済的にも制約がある中で要介護状態に陥っているといった複合的な状況の中に、多くの方は生きている。個体の心身機能が自立していても、社会的関係が閉ざされている場合もある。介護保険制度は、加齢が原因で生じる心身機能の障害が日常生活の障害につながらないように介護サービスで補完支援する仕組みとして誕生した。しかし、10年を経て、日常生活における自立は社会とのつながりや人間的支え合いなど環境要因と大きく関連しており、関係依存的な自立支援と組み合わせて初めて生活全体の質が確保できるという知見が、特に認知症介護などからいわれるようになってきた。

　「地域包括ケア」は、そうした考え方に沿って、生活を地域単位でトータルに支える仕

組みとして構想されたものである。それだけに、既存の保健・医療・福祉・介護のサービス資源とその機能関係について見直しが加えられることになる。

2 「地域包括ケア」を支えるサービスの柱

その際、「地域包括ケア」を支えるサービスの見直しの方向性として、次のような内容が考えられる。

①サービス体系の見直し
居住、地域密着、施設の区分とその相互関連の明確化。訪問系について、巡回型サービスと夜間訪問サービスとの分離とそれぞれの機能の強化。個人に対する複数サービスの流れをマネジメントする機能の強化。

②個別サービスの充実
施設系については、医療サービスの強化と、施設に附帯するサービスと外付けされるサービスとの区分の明確化。ベースキャンプ化に合わせた施設保有資源の充実とサービス機能のアウトリーチ。地域密着型サービスにおける「住まい」機能の強化。

③予防の体系化
予防サービスの一般高齢者への拡大。特定高齢者対象の介護予防事業の強化。災害対策を含む生活環境リスクの改善。認知症予防や重度化予防に特化したサービス。

④リハビリテーション
予防的リハビリテーション、回復的リハビリテーション、維持的リハビリテーション、関係形成的リハビリテーションなどの機能の専門化と連続化。リハビリテーション・サービスの外付け。

⑤訪問医療サービス
訪問看護事業の採算改善と機能強化。心理的疼痛緩和や看取り看護の強化。

3 「ちょっとしたイノベーション」の体系

これらの柱は、いずれも、新規サービス分野を設けるような内容ではない。既存の各種サービスについて、サービスの提供空間や投入されるタイミングなどをより精査しながら、サービスそれぞれの果たすべき役割を明確化するとともに、サービス間の関連性を重視し、その結果、同じ人材、同じコストを用いたとしても、得られる効果や納得性を向上させようとする発想からの改革である。一連の事業プロセスそれぞれのタイミングで、どのような資源を集中投入するかは、事業の生産性を向上させ、リスクの発生を最小化する決め手になるというのが経営学の常識である。地域という枠組みにおいても、そうした事業経営的な発想に立つサービス・マネジメントが求められる時代になっているのであろう。

「地域包括ケア」は、その意味で第1章1節で述べたイノベーションモデルのうち「ちょっとしたイノベーション」(「漸進的・機械的イノベーション」)に属するものである。しかし今後、経験を経ることで、分立する制度の統合や「介護」における事業者と利用者との関係の見直しなど、「構造的・自律的イノベーション」という次の段階に展開していく可能性をはらんでいる。

4　事業者の役割

こうした変化に対応して、医療事業者にあっては、医療と介護との連続化や融合をサービス・コストの改善を含めて推進することや、不得手分野となっているアクティビティ増進のための新しい生活関連サービスの開発などが必要になってくる。特に、アクティビティ増進をキーワードとする予防サービス分野における他の関連専門事業者・NPO・研究機関などとの地域内での連携・協働体制づくりも課題となる。

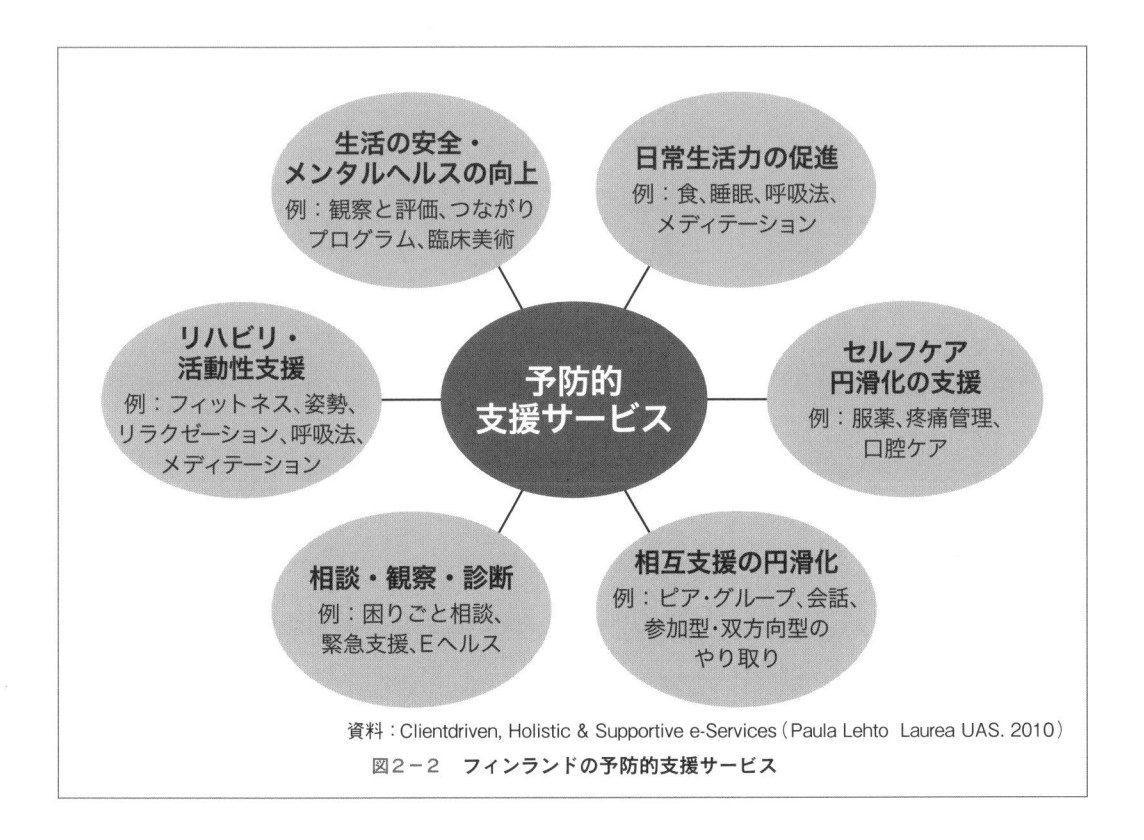

資料：Clientdriven, Holistic & Supportive e-Services (Paula Lehto Laurea UAS. 2010)
図2-2　フィンランドの予防的支援サービス

ちなみに、図2-2は、フィンランドで考えられている「予防的支援サービス」である。こうした領域に、医療事業者として、直接に、あるいは関係事業者と協力して、新規事業の可能性を開拓していくことが、今後必要になってくるであろう。

3 地域包括ケアにおける介護保険事業の役割

1 介護保険制度の守備範囲

　前節で述べたように、「地域包括ケア」は、サービスの体系化という点では、既存の各種サービスの相互の役割や関連を整理し、効果的に計画化された提供を実現するための改革である。ただ、そうしたサービス提供のどの範囲までを介護保険制度でカバーするかについては、大きな見直しが行われるものと思われる。つまり、役割を整理するということは、現在は介護保険制度で提供しているサービスであっても、医療など他のサービス分野との役割の調整が進められ、介護保険の仕組みを用いて提供することが必ずしも最適とはいえない分野が明らかにされることを意味する。また、介護保険制度が担当するサービスであっても、現在のやり方を見直す必要がある分野も明確になる。

　したがって、「地域包括ケア」という包括的な役割の見直しは、介護保険事業と他の事業との重複やムダを見えやすくし、制度のどこに無理が生じているのかを点検することでもある。その意味で「地域包括ケア」は、従来の分散的で縦割りの医療・福祉・介護サービスの仕組みを、日常生活圏の範囲に統合的に連携させる社会実験としての意義も有している。

2 介護保険サービス見直しの要点

　介護保険サービス見直しの要点は、次のようなものになると考えられる。

(1) 自助、互助、共助、公助の相互の役割関係の整理と機能分担

　自助は市民社会において誰にも当然に要請される生活自己責任のことである。「自分でできることは自分でする」を原則にしなければ、互助は成り立たないし、自己責任の範囲を越えるリスクをみんなで支えようという共助や公助もうまく機能しない。欧州には、いわゆる「補完性の原則」と呼ばれるものがある。自分でできないことを隣人や地域ボランティアが支援する、隣人や地域ボランティアでは難しいことを社会連帯の仕組みで支援する、社会連帯の仕組みよりももっと確実に支援すべき部分を政府が支援するという、個人を基本に置く責任の補完原則のことである。日本社会においても、各種生活保障機能にお

ける役割分担を支える原則として、この考え方が今後大切になっていく。

その中で、生活援助や家事支援に関するサービスを介護保険サービスの対象に入れておくべきなのか、互助機能や市場の機能に委ねることはできないのかという見直しが出てくる。介護報酬で支えるサービスを、重度領域や緊急度の高い領域、あるいは在宅ターミナルなどに重点化することが必要ではないかといった、資源活用の選択と集中に関する見直しが進むものと思われる。

(2) 市町村の役割

介護保険制度では、サービスの実施は事業者の役割であるが、市町村には今後、保険者としての責任と役割の強化が求められる。特に、地域の介護ニーズの実勢の現況と変化を正確に調査・分析し、実状に即したサービス資源の調達・配置ならびに効果的な運用の調整などが重要となる。また、地域支援事業の多様な推進(見守り、配食、閉じこもり防止、家族・家庭支援など)も、新しい公助の機能として強化されていくことになる。

(3)「介護」概念の整理

併せて、「介護」という概念の整理が行われようとしている。施設と在宅との隔たりをなくし、地域内のどこで生活していても、等しく質の高いサービスが受けられるようにするために、「住まい」とケアサービスとの分離はぜひとも必要になる。また、今後、介護サービスを含む「社会サービス」全体の目標が、北欧などで一般化している「アクティビティ」(社会的・心身的活動性)の推進に置かれるようになっていくことから、予防健康増進やリハビリテーション、ソーシャルワークなどとの関連で「介護」サービスの担うべき領域が整理されていくことになる。その中で、国家資格化された「介護福祉士」の保有すべきコア・コンピテンシーや職務範囲も、基礎的医療知識やリハビリテーションの知識、認知症といった高度介護知識を中心とするものに、徐々に見直されていくことになるであろう。

3　介護保険事業の役割

以上のような改革の柱を、介護保険事業の役割・守備範囲という視点でまとめると図2－3のようになる。

第1に、医療の領域と介護の領域、それに公私協働や民間の領域が、境界線でのオーバーラップを含みながらも明確に役割分担化され、連携も見えやすくなる。第2に、介護の領域については、相談支援といったソーシャルワークや低所得者対策など生活保護的項目との一体的実施が求められるようになる。第3に、介護サービスの提供にあたり、そうした相談支援の知識や技術が求められるようになる。第4に、相談支援と関わり、地域の多様な主体とのネットワーキングや公的機関と協働する技術も組み込まれるようになる。

第2章　地域包括ケアの戦略

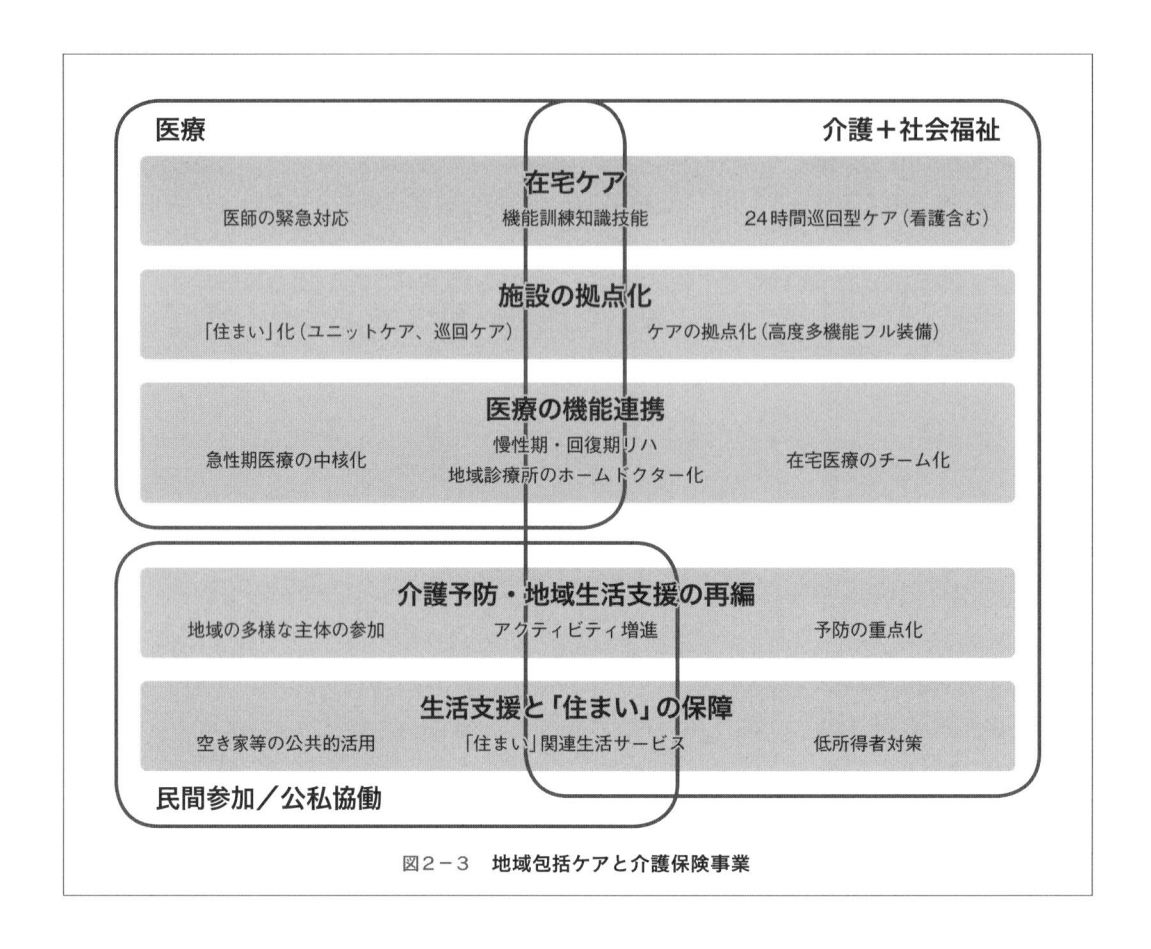

```
┌─────────────────────────────────────────────────────────────┐
│ 医療                                        介護＋社会福祉      │
│  ┌──────────────────────────────────────────────┐          │
│  │              在宅ケア                          │          │
│  │ 医師の緊急対応  機能訓練知識技能  24時間巡回型ケア（看護含む）│
│  └──────────────────────────────────────────────┘          │
│  ┌──────────────────────────────────────────────┐          │
│  │              施設の拠点化                      │          │
│  │「住まい」化（ユニットケア、巡回ケア）  ケアの拠点化（高度多機能フル装備）│
│  └──────────────────────────────────────────────┘          │
│  ┌──────────────────────────────────────────────┐          │
│  │             医療の機能連携                     │          │
│  │ 急性期医療の中核化  慢性期・回復期リハ  在宅医療のチーム化  │
│  │                地域診療所のホームドクター化              │
│  └──────────────────────────────────────────────┘          │
│  ┌──────────────────────────────────────────────┐          │
│  │        介護予防・地域生活支援の再編            │          │
│  │ 地域の多様な主体の参加  アクティビティ増進  予防の重点化   │
│  └──────────────────────────────────────────────┘          │
│  ┌──────────────────────────────────────────────┐          │
│  │        生活支援と「住まい」の保障              │          │
│  │ 空き家等の公共的活用  「住まい」関連生活サービス  低所得者対策│
│  └──────────────────────────────────────────────┘          │
│ 民間参加／公私協働                                          │
│                                                             │
│                 図2－3　地域包括ケアと介護保険事業          │
└─────────────────────────────────────────────────────────────┘
```

　したがって、「地域包括ケア」の中で介護保険事業に取り組むには、これまでのように、ケアマネジャーが設計したケアプランに従って制度内サービスを区分して提供するというやり方を転換させなければならない。要点は、①日ごろから地域内の多様な主体や事業者、キーパーソンとの間で、各層・各仕事分野ごとの信頼ネットワークの形成・維持に努めること、②介護保険内サービスはケアプランに基づかなければならず、ケアプランはケアマネジャーの職務であるが、そうしたネットワーク情報を取り込むためにケアプランの策定プロセスでケースカンファレンスを今以上に重視すること、③多職種間の連携パスと連携手順、複数専門サービスが重複する境界領域における調整の場とルールを明確にしておくこと、などである。

4 地域包括ケアを支える介護・医療サービス

1 地域包括ケアを支える介護サービス

　地域包括ケアを支える介護サービスの提供主体として、主に地域包括支援センターや介護（予防）事業者がある。地域包括支援センターは、地域包括ケアの要の機関として、2006（平成18）年4月より中学校区に1つ、人口3万人程度のエリアを目安として設置された。「介護予防に関するケアマネジメント事業」、「総合相談支援事業」、「権利擁護事業」、「包括的・継続的ケアマネジメント事業」を4本柱として構成される包括的支援事業と、指定介護予防事業者としての介護予防ケアマネジメント（介護予防給付）事業を実施している。設置の主体は市町村であるが、社会福祉法人等が委託を受けて運営しているケースが多い。地域包括支援センターは地域の総合相談窓口として、主に高齢者からの相談を受け包括的支援を行う他、介護予防ケアマネジメントに基づいて適切な介護予防サービスにつなぐ役割、地域のケアマネジャーへの支援といった役割も担う。

　一方で、介護（予防）事業者に目をむければ、介護老人保健施設、介護老人福祉施設、グループホーム、小規模多機能型居宅介護、居宅介護支援、通所介護、在宅介護、各種介護予防サービスといったものがあげられる。住み慣れた自宅での生活を支えるさまざまな在宅介護サービスと、それぞれの目的に応じた介護施設が整備されている。

2 地域包括ケアを支える医療サービス

　地域における医療サービスの提供主体には、総合病院、地域診療所（各種クリニック）、訪問看護ステーション、リハビリテーション等がある。

　近年、病院には「地域医療連携センター」や「地域連携室」等が設置されてきており、「かかりつけ医」としての地域診療所との連携や地域における各種介護サービスとの連携が図られている。また、地域診療所と地域包括支援センターを通じた介護予防サービス事業者との連携、あるいは診療所とより高度専門医療を提供する病院との連携等の仕組みづくりも推進されてきている。患者に長期的・継続的に関わりを持つ「かかりつけ医」は、患者をよく理解し適切なタイミングで介護サービスや高度（専門的）医療サービスにつないでいく役割を持っており、特に重要性が高まっている。こうした医療・介護連携の動きは、

地域における医療資源の有効かつ効率的な活用という観点からも重要な取り組みであり、近年の地域医療計画の改定の動きとも連動するものである。

3 今後の介護・医療サービスの連携のために

こうした地域包括ケアを支える医療・介護サービス連携において課題となっているのは、急性期から回復・リハビリ期、在宅復帰にむけた連携の流れをいかにスムーズに行うかということである。また、急性期（病院）をはじまりとしない、健康状態の停滞・緩やかな低下から健康増進活動あるいは介護予防の時期を経て、後に要支援・要介護状態になるといった変化に対しても、スムーズな介護・医療連携による早期対応と継続的な対応が求められる。

こうした医療・介護連携を地域という枠組みで構築していくには、地域包括ケアマネジメントが重要となる。「かかりつけ医」として患者に継続的に関わり、在宅支援機能を持つ主治医と、ケアマネジメントを担うケアマネジャーが核となって、個別的な対応を基礎とした地域包括ケアにおけるサービス資源の適切なパッケージ化と、それに基づいた各種サービスのスムーズな提供を実現する必要がある。このことによって、健康な状態から要医療・要介護状態へと移行したとしても、住み慣れた地域で暮らし続けるための包括的支援が可能となる。

こうした地域包括ケアの構築が進められる中で、医療法人に求められる役割は、地域住民の医療・介護・保健ニーズに応じて切れ目なくサービスが提供できるよう、自らの法人では提供していない他のサービス資源との連携強化をより一層進めていくことである。同時に、地域の医療・介護・福祉サービス資源の配置状況をきちんと把握し、市民が要医療・要介護状態になっても地域で住み続けるために必要となるサービスは何であるのかを見極めながら「地域に求められ必要とされる」事業の展開を行っていくことである。その際には、地域のニーズに基づくことを最優先にしながら、介護や住宅サービスといった本来業務以外にも広く目をむけることが望まれる。

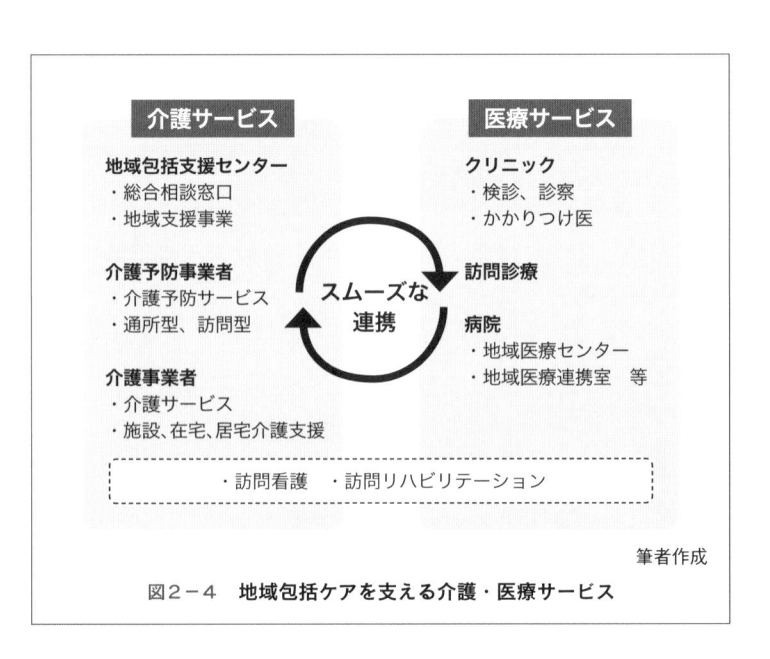

図2-4　地域包括ケアを支える介護・医療サービス

5 多機能フル装備型経営

1 「地域包括ケア」における多機能フル装備型経営の意義

　「多機能フル装備」という表現は、1つの介護事業者(医療法人や社会福祉法人など)が、地域独占的にすべてのサービス機能をフル装備して提供するという意味ではない。「地域包括ケア」におけるベースキャンプ機能を装備しているという意味である。ベースキャンプとは、高峰の登頂を目指す場合、山の中腹から少し上に設置し、食料・燃料・装備・医薬品などの倉庫とし、登頂を目指すアタック隊への指令基地として機能する拠点をいう。さらに高地にサブキャンプを展開するための後方支援機能も担う。また緊急時に、素早くレスキュー部隊を編成する準備として、行動技量に優れた隊員や各専門知識を有するメンバーを確保し、地元の関係方面への連絡・調整なども担当する。つまりベースキャンプとは、基本資源の補給基地機能、フロントラインへの指令・支援機能、緊急事態への対応機能、関係方面との連絡調整機能などを備え、みんなが働きやすく、いざという時に安全・安心を確保するための機能のことをいう。

　介護サービスに即して解釈してみよう。今後「地域包括ケア」の中で、居住とサービスの分離が進み、地域・居宅を場とするサービス展開が中心になることを想定すると、サービスのフロントラインは訪問系サービス(ホームヘルプ、訪問看護、訪問リハビリテーション、居宅療養管理指導など)であり、通所系サービス(通所リハビリテーション、通所介護、日帰りショートステイ、小規模多機能居宅介護など)であり、地域包括支援サービスということになる。それを支える施設のベースキャンプ機能は、補給基地機能としては介護知識・医療知識の開発・研修・指導や人材を中心とする知識・技能のアウトリーチ提供ということになる。フロントラインへの指令・支援機能は、難易度の高いケースへの助言やケアマネジメント指導などである。緊急事態への対応機能は、医療機関では介護療養病床や診療所ショートステイの提供であり、老人保健施設における回復期リハビリテーションや短期集中リハビリテーション、あるいはターミナル対応などであり、介護老人福祉施設では終末期看取りなどとなってくる。

　もちろん、一法人でできるだけ多様なサービス機能を保有しておくことは、サービス提供の融通性からいっても、また規模の利益確保の観点からも、望ましいことではある。しかし、どのくらいの種類の事業を有しているかよりも、資源の選択と集中を通じて、確実

にベースキャンプ機能を果たし得る体制が確立できているかどうかの方が、事業戦略的にはより重要であろう。

2 ケアプロセスに沿ったベースキャンプ機能

「地域包括ケア」は、多専門職が協働して継続的なケアの流れをつくりだす仕組みである。このことから、ベースキャンプ機能は、ケアプロセスの流れに即して提供されていくことが望ましい。

図2-5は、在宅での自立した生活が困難になっているケースについて、問題の発見・解析、サービス・リハビリテーション計画の立案、現物サービスの提供、ニーズ解析と評価、計画実施のモニタリングと状態判断の一連のプロセスを示している。計画が実施されたところで、さらに在宅での生活を継続できる状態かどうかを評価し、継続するか、無理な場合はサービス付き住宅や介護施設に移行するという流れである。

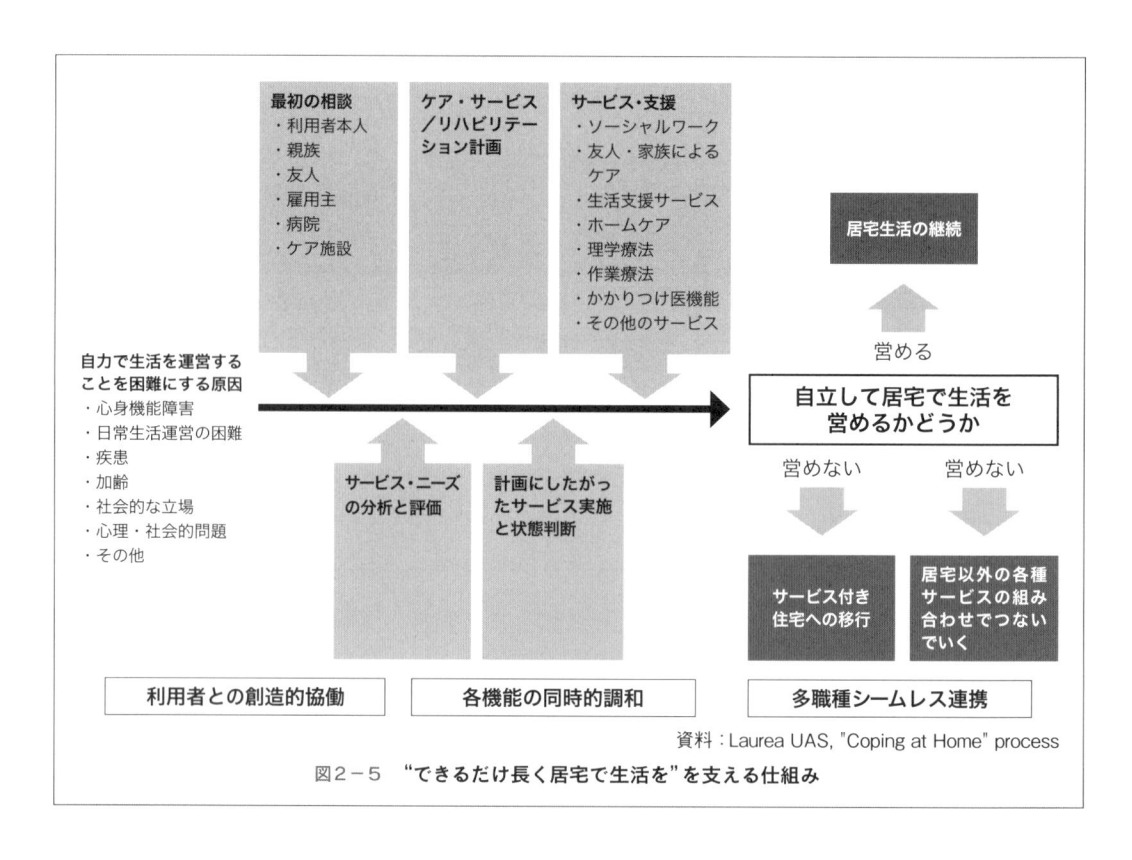

図2-5 "できるだけ長く居宅で生活を"を支える仕組み
資料：Laurea UAS, "Coping at Home" process

これは、フィンランド・ラウレア応用科学大学のCopint at Homeプロジェクトの実践モデルである。ベースキャンプ機能（この場合は、大学の専門プラクティショナーや老年看護専門家など）は、個別サービスの提供も担うが、特にニーズ解析や評価、モニタリン

グや終結判断といった高度な後方支援機能が期待されている。

また図2-6は、フィンランド・エスポー市において実践されている、在宅生活者に対する急性期対応連携の仕組みである。制度的にわが国と異なる点は、地域ヘルスセンターに、在宅専門の医師・看護師などが配置されていること、第1次救急機能があること、急性期医療が専門の高度化に応じて3層を構成していることなどである。ここでは、ベースキャンプ機能は病院にではなく、地域ヘルスセンターとホームヘルプ事業者が協働して担っていることがわかる。高齢者の日常情報に近接したベースキャンプ機能という考え方である。

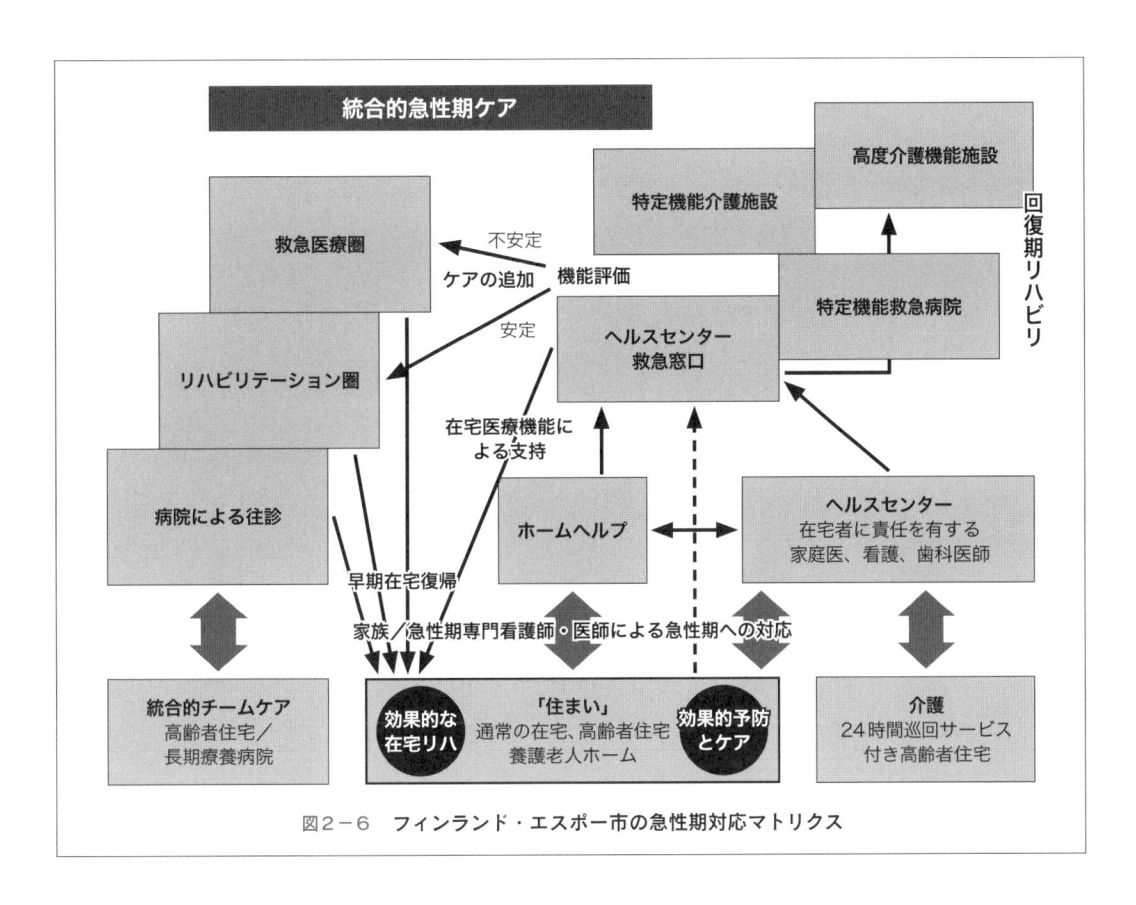

図2-6 フィンランド・エスポー市の急性期対応マトリクス

3　医療から見たベースキャンプ機能形成の課題

「地域包括ケア」の中で、医療法人が多機能フル装備のベースキャンプ機能へと展開していく際に、いくつかの検討課題がある。

第1は、地域診療所が専門医化している現状に対し、家庭医としての基本機能を取り戻していけるかどうか。それから、在宅医療・訪問看護の人材が決定的に不足している現状を官民あげて改善していけるかどうか。さらには、病院機能について、高度専門化という

点での機能分化を進め、病院からの往診などアウトリーチ機能へとつなげていくことができるかどうか。

　第2は、急性期医療の中核化と連携的な階層化を進められるかどうか。特に、地域診療所に急性期対応機能を整備できるかどうか。慢性期・回復期のリハビリテーションを拡充し、併せて在宅医療専門のチーム医療方式を確立できるかどうか。

　こうした課題は、現状ではコスト高ではあるが、医療からベースキャンプ機能を担い得る高度人材や高度な技術・知識開発を進めていくうえで、避けることのできない課題でもある。

第3章
地域包括ケアの実践

1 相談・支援機能の拡充
2 在宅ケアの再構築
3 地域リハビリテーションの促進
4 介護予防の促進
5 「住まい」と介護

1 相談・支援機能の拡充

1 相談・支援ということ

　介護事業の中で、相談・支援は非常に重要なファクターである。まずは相談があり、相談内容を必要なサービス提供につなげるために、助言をしたり条件整備をしたりすることを支援という。介護サービスプロセスは、通常、要介護認定を経てケアプランを作成するところから始まる。しかし、すぐに要介護認定、サービス提供の開始となるわけではなく、前段階がある。高齢者は、自分の状態が介護保険サービスを受けることができる段階なのか、どんなサービスを利用することができ、それによって何が変わるのか、などの基本的事柄について、誰かに相談したいと思っていることが多い。また家族は、専門的サービスの利便性や本人への影響など、介護サービスの利用を決めるにあたって、相当に思い悩むことがある。

　現実に、ケアマネジャー（介護支援専門員）はサービス給付の前段階で、サービス給付に結び付くかどうかに関わりなく、多くの相談を受けている。施設の地域支援部やケアマネジャー室のスタッフにも多くの相談が寄せられる。地域包括支援センターも同様である。つまり、相談・支援は、サービス給付の前に行われることで、ニーズとサービスを最適にコーディネートしたり、不安を払しょくしてサービスを使いやすくするなど、サービス円滑化の作用を果たしているといえる。

2 ひとの行動学的病理

　なぜ、ひとは相談・支援を必要とする状態に至るのか。図3-1は、ひとの行動学的病理を説明するモデルである。ひとは病理面、生活環境面、心身機能面において、そのひとなりの条件や特性を抱えている。しかも、その条件・特性は、客観的にラベリングされたものもあれば、そのひとなりに解釈・認識されたものもある。そうした条件・特性の制約を抱えながら、一定の文脈や経路を通して、ひとは何らかの行為を行う。行為は、そのひとの社会への働きかけであり、自己表現であり、そのひとの社会における役割の形成と結び付いている。この条件・特性、経路・文脈、活動の3次元のそれぞれに、自分の意識するところと、他者から意識され期待されるところとの対峙やわだかまりをはらんでいる。

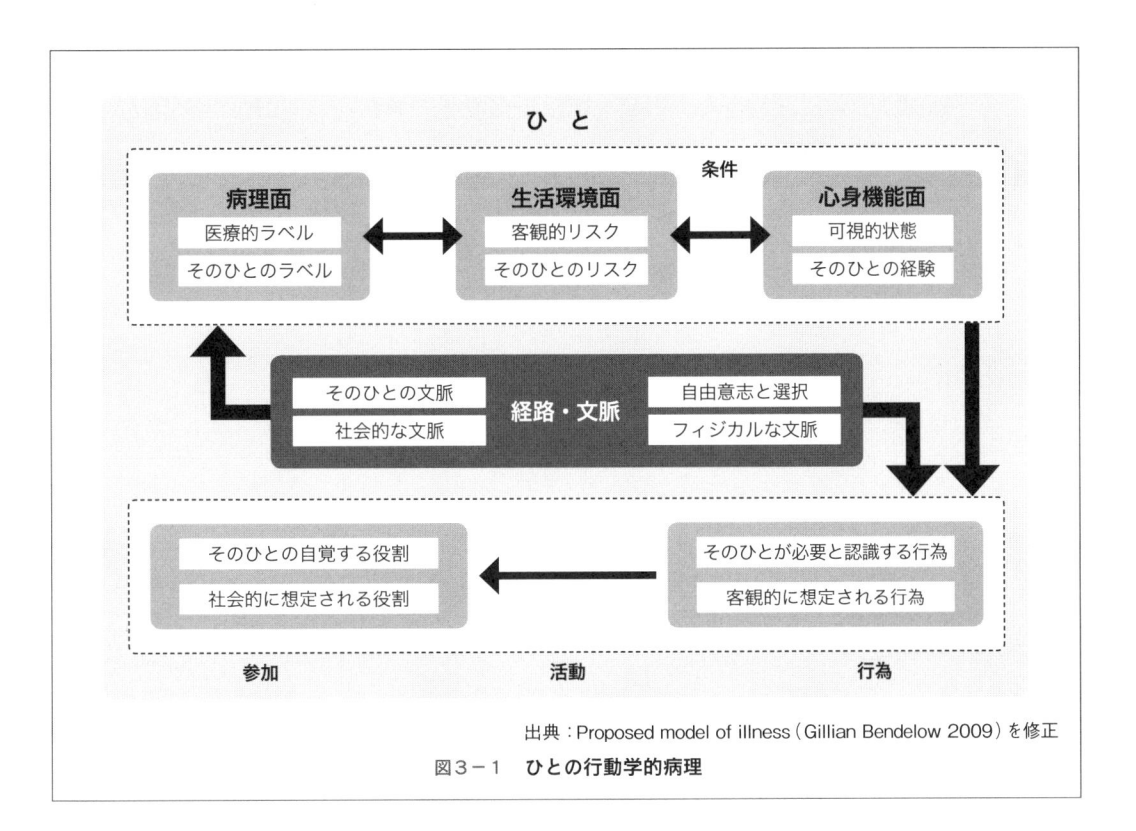

図3-1 ひとの行動学的病理
出典：Proposed model of illness（Gillian Bendelow 2009）を修正

 ひとは、存在と現れにおけるこうした自他の対峙やそのわだかまりからストレスを受け、悩み、専門家のアドバイスに期待する。
 つまり相談とは、本人にとってはあいまいな主訴（解決を待つ問題）を、本人が解釈可能なレベルまで整理し可視化させていくための、専門家と本人との協働のことである。支援とは、専門的見地からソリューション（解決の方向性や方法論）の選択肢を準備し、本人の心が決まるのを促す機能のことである。したがって、ただ話を聞く、利用可能なサービスを案内するといった対応型の仕事ではなく、本人と一緒に新しい生の次元を切りひらいていく創造的協働（co-creation）の仕事なのである。

3　相談・支援機能の拡充

 現在では、医療でも介護でも、こうした相談・支援機能は、サービス給付の前段階だけでなく、サービスの流れの各所において、指導料や加算、介護保険給付を伴った形で拡充されてきている。例えば、急性期病院から退院し転院や居宅復帰する場合、退院後の介護サービス等との連携については介護支援連携指導料、合同カンファレンスを開催して在宅復帰を促す場合には退院時共同指導料、ケアマネジャーが退院時点で最適なケアプランを立案し退院調整につなげる場合は急性期病棟等退院調整加算、さらに入院早期に高齢者の

特性に応じた総合的評価を行い、それを踏まえた介護サービスの情報提供を評価する場合には総合評価加算といった具合に、相談・調整・支援への加算といった仕組みが付加されている。

また、地域包括支援センターの地域包括支援実施事業では、総合相談・支援事業はいうまでもないが、虐待防止・早期発見・権利擁護でも相談の受付は重要な入口になる。包括的・継続的ケアマネジメント事業では、ケアマネジャーを対象とする相談・指導や困難ケースへの助言等が含まれている。また、制度横断的支援は、もともと必要なサービスにつないでいく独自の支援事業として成り立っている。

いわば、サービスの流れをさまざまな形の相談・支援や調整的連携でスムーズに環境付けていくことが、医療・介護サービスでは普通のやり方になっている。

4 相談・支援と専門人材

相談は、あくまでもサービス給付の入口である。まずは、相談に訪れたクライアントを受け止めること、言葉で表現される感情や主観的解釈よりも、根底にある行動学的病理の客観的事実を敏感に察知し、それを解析しながら受け止める能力を持っていることが重要である。

他方、支援は、ソリューションを示すことで、クライアントが自分で決める環境づくりを行うことが主眼となる。そのため、抱えている状態に対する評価を明晰に説明できる能力や個々の専門サービスの特性、連携活用の方法などを助言する力が必要になる。

どのような背景知識や職場経験を積めばそうした能力が身につくかは、相談・支援業務の職務分析がまだ十分にできていない現段階では、個々の現場判断を待つ以外はない。しかし、担当者によって相談・支援の進め方や中身、アウトカムに相当の幅が存在すると推定されることから、まずはチーム組織で取り組むなどの工夫が求められる。

2 在宅ケアの再構築

1 高まる在宅ケアの重要性

　介護保険法第2条の条文に「被保険者が要介護状態となった場合においても、可能な限り、その居宅において、その有する能力に応じ自立した日常生活を営むことができるように配慮されなければならない」と定義されているように、介護保険制度上においては在宅（居宅）ケアサービスが原則として優先される。

　そして施設ケアサービスに関しても介護療養病床が2012（平成24）年までに全廃になることが計画されており、その一環として2008（平成20）年より新たに設けられた介護療養型老人保健施設への転換が進められるなど、制度改正の方向性も在宅ケアサービスの充実へとシフトしている。

　また、介護保険施設（介護老人福祉施設や介護老人保健施設）の入所期間の長期化に伴い、本来ならば施設入所に相当する認知症や脳血管障害等の重度要介護者（要介護3〜5）に関しても在宅にてケアサービスを受けなければならない現状にある。

　このように在宅ケアサービスは介護保険制度上においても、高齢者等を取り巻く現状においても、その充実、高機能化は必要不可欠であり、整備は喫緊の課題となっている。

2 地域から求められる在宅ケアサービスの高機能化

(1) 在宅生活を可能にする包括的支援機能（専門性の尊重と協働）

　多くの人は、要医療・要介護状態になったとしても、できる限り自身の住み慣れた在宅（自宅）で必要なケアサービスを利用しながら生活を続けたいと願う。そして在宅で生活していくうえでは、在宅ケアサービスが本人の主訴と実生活に沿って切れ目なく継続的に提供されることが必要となる。

　そのためには、医療、福祉を含めたさまざまなケアサービスがバラバラに提供されるのではなく、包括的・継続的に提供される体制（包括的支援機能）を整備することが必要である。その実現には、実際に提供に関わるさまざまな関係職種のそれぞれが持つ専門性から生じる職域の壁を打破し、互いの専門性を尊重し、協働のもとにケアサービスを実施す

ることが不可欠である。またケアサービスをマネジメントする介護支援専門員のコーディネート能力も重要である。

(2) 在宅での看取りを含めた包括的支援機能

2008(平成20)年の診療報酬改定により、在宅療養における24時間対応体制・診療に対して加算できる在宅療養支援診療所制度が創設された。また2009(平成21)年の介護保険制度一部改正においても訪問看護サービスにターミナル(看取り)加算が創設された。併せて訪問介護サービスにおいても緊急時訪問介護加算が創設されるなど、最近は対象者の状況や希望に応じて、在宅において迅速な対応が図れる体制が整備されつつある。

在宅で看取り支援を行う場合、それに関わる専門職は、「本人にとってどのような死が望ましいのか」を本人、家族とともに考えることが求められる。そして本人、家族のさまざまな思い、身体的精神的変化(痛み、機能低下、幻覚等)に対して、その状況に応じたベストな支援方法を選択しなければならない。今後も在宅医療、在宅ケア、看取り支援に関わる医療・福祉の各専門職は、サービス行為に関わる技術はもちろんのこと、状態に応じた臨機応変な判断、本人家族への精神的支援のためのコミュニケーション技術等、総合的な支援機能が求められる。

(3) 施設を拠点とした在宅ケアサービスへの展開

介護保険法および老人保健法上、中間施設(在宅と病院の中間)として位置付けられている(介護)老人保健施設では、施設介護支援専門員が本人の主訴や状態に鑑み、ケアカンファレンスを経て作成した施設ケアプランに基づき、医療職(医師、看護師、作業療法士・理学療法士等)と福祉職など(介護福祉士・社会福祉士、栄養士等)とが協働で、在宅復帰を目指した施設ケアサービスを包括的・継続的に提供している。そして順調にケアサービスが実践された結果、本人が望む地域での生活が再開される。しかし、多くの(介護)老人保健施設は附帯事業として通所リハビリテーションや訪問看護ステーションは運営しているものの、在宅で生活を支援するうえで欠かすことのできない事業(訪問介護、訪問リハビリテーション、福祉用具貸与、配食)を運営しておらず、結局のところ在宅復帰後における支援やフォローは実施していない場合が多い。

しかし、本人・家族にとって、施設内でこれまで実施してきた包括的・継続的ケアサービスを在宅でも利用したいと希望する声は多い。また施設にとっても、そのノウハウを在宅場面でも実践することにより、本人が長年住み慣れた自宅での生活が継続できることはもちろんのこと、施設が所在する地域に対する貢献につながる。

つまり(介護)老人保健施設の持つ施設機能と同種のケアサービスを地域で展開することは非常に重要であり、施設が拠点となり、本人の状態に即してケアサービスがシームレスに対応できる事業展開、在宅ケアの再構築が必要である。

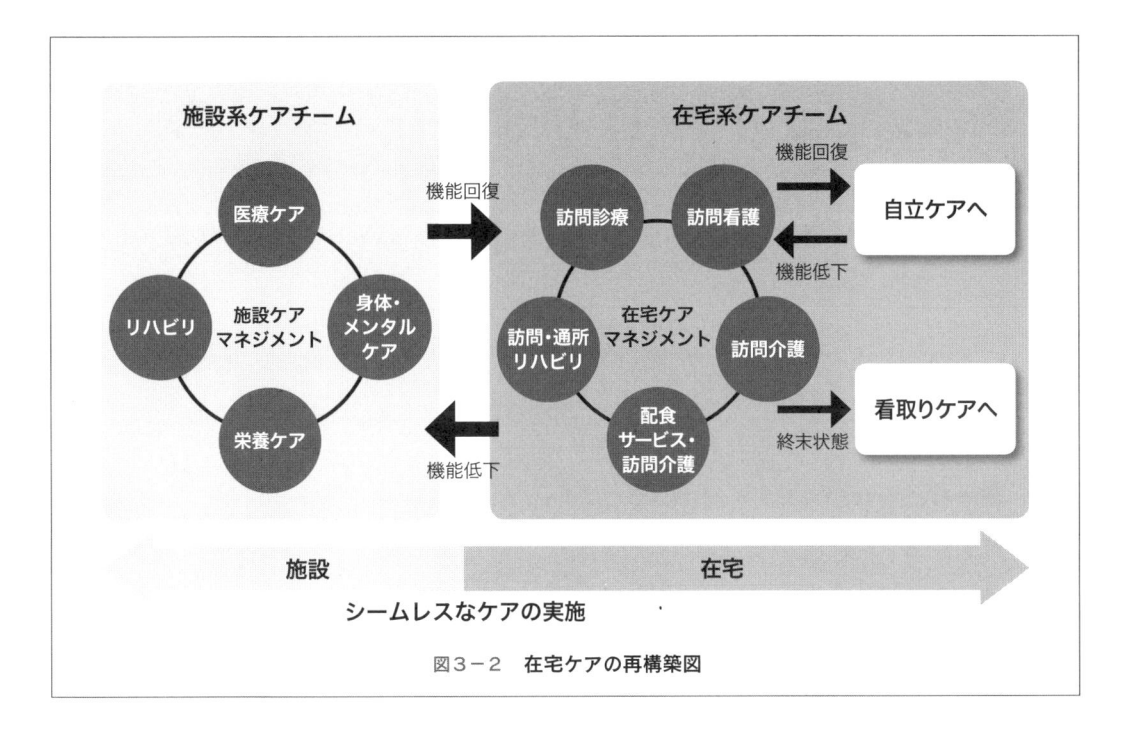

在宅ケアの再構築 ❷

図3-2　在宅ケアの再構築図

3 地域リハビリテーションの促進

1 リハビリテーションに関わる医療制度と介護保険制度の動向

　2006(平成18)年の「医療制度改革大綱の基本的な考え方」において、医療費の適正化の総合的推進の取り組みの1つに平均在院日数短縮が示され、医療機能分化・連携や在宅療養の推進が示された。また、同年の診療報酬改定では、疾患別リハビリテーション診療報酬体系に算定日数の上限が設けられ、入院から在宅までの切れ目のない医療の提供が推し進められることとなった。

　このことは、在院長期化による医療費増加を抑制するとともに、医療での急性期・回復期リハビリテーションの実施期間を明確に規定し、介護保険法、自立支援法領域との連携を図りながら、早期の地域移行支援、地域療養支援を進める取り組みを求めるものである。

　また、介護保険制度においても診療報酬改定と同じ2006(平成18)年の改定で、「維持期の状態に対応し、主として身体機能の維持および生活機能の維持・向上を目指したリハビリテーションを行う」とし、効率的・効果的リハビリテーションのあり方を示した。これらを具現化する取り組みとして、施設(入所)サービス、居宅(通所・訪問)サービスにおいて、リハビリテーションマネジメントに基づく短期集中リハビリテーションという考え方が導入された。

　このことは、従来の機能低下防止を目的とした維持期リハビリテーションから、維持期においても短期集中的にADL、IADL等の応用的・社会的適応能力の向上に結び付く効果を示すことが求められたことを意味し、この取り組みに対して介護報酬上の加算が設けられた[*1]。

2 リハビリサービスの転換 ——医療リハビリサービスから生活リハビリサービスへ

　これまでのリハビリテーション実施の多くは、病院や施設にある機能訓練室内にて、生活環境において存在しない特別な機器(プラットフォームや平行棒等)を用いて実施され

[*1] 社団法人日本作業療法士協会「作業療法5カ年戦略(2008-2012)」、2009年、pp.22-23の一部引用。

てきた。しかし利用者本人の自立した生活を考える時、日常生活の場面でどのように行動できるか、生活環境にどのように適応できるのかということが非常に重要になってくる。つまり、機能訓練室という特別な環境で行動できたとしても、日常という環境で行動できなければ、前述したような地域移行支援、地域療養支援につながらないのである。

それを可能にするためには、利用者の地域（自宅）生活環境と本人の望む活動、本人の望む生活あるいは主訴を評価し、生活場面に即した計画を明らかにし、リハビリテーションを実施する必要がある。

今後のリハビリサービスは、本人の身体的機能を評価する医療リハビリサービスから、自宅環境・機能を評価する生活リハビリサービスへと転換することが求められている。

3　地域リハビリテーション機能の重要性——地域包括ケア・システムとの融合

医療サービスや介護サービスを含めた生活を支援する多くのサービスは、日常生活の場面で用意、提供されることが必須であり、それらのサービスが各制度やシステム上の都合によりバラバラに提供されるのではなく、包括的、効果的、継続的に提供される仕組みである「地域包括ケア・システム」が必要である。このことは2009（平成21）年より開催されている社会保障国民会議の場でも議論されている[*2]。この地域包括ケア・システムにこそ地域リハビリテーションの視点が重要であり、訪問リハビリテーションの位置付け、役割は不可欠である。

4　訪問リハビリテーションの役割

(1) リハビリ視点でのマネジメント

転倒による骨折や脳梗塞による機能障害等が生じた時、退院早期に医療職である看護師や作業（理学）療法士等の介入により、望ましい在宅ケア・システムの整備が必要となる。特に地域（自宅）の環境整備、効果的福祉用具の適応をリハビリテーションの視点でマネジメントする専門性は作業（理学）療法士等が保持しているものであり、それらが配置され、地域リハビリ機能を果たしている訪問リハビリテーションの役割はこれからも重要となる。

(2) 福祉系介護支援専門員を含めたケアチームへのフォロー

介護保険制度上において、ケアマネジメント機能を担う専門職は介護支援専門員である。

---

*2　社会保障国民会議「社会保障国民会議第二分科会（サービス保障＜医療・介護・福祉＞）中間とりまとめ」、2009年。
http://www.kantei.go.jp/jp/singi/syakaihosyoukokuminkaigi/chukan/siryou_4.pdf

この介護支援専門員資格は、創設されてから2010(平成22)年で12年となり、全国で491,135名が資格を有しており、その多くが居宅介護支援センター等で在宅でのケアマネジメントに従事する。

　この介護支援専門員の受験資格条件は、医療、福祉等他分野の多岐にわたる資格を持ち、5年以上の実務経験を満たす者となっている。実務研修受講試験に合格し、実務者研修を修了した者は、その日から介護支援専門員として、ケアプランの作成に従事できることとなっている。そして介護支援専門員の合格者の背景資格について、以前は医療職(看護師等)が多かったのに対し、最近は福祉職(介護福祉士等)の割合が多い傾向にある[*3]。つまり最近の多くの介護支援専門員は、十分な医療知識を保持せずにケアマネジメント業務に従事しているといえ、その中でもとりわけリハビリテーションの知識は乏しいと考えられる。

　その場合に前述した「(1)リハビリ視点でのマネジメント」に加えて、リハビリ視点での効果的介護方法等について、介護支援専門員を中心として、ケアを実施するチーム全体に対してフォローと援助内容のモニタリング支援を行うことも、訪問リハビリテーションの役割として重要となる。

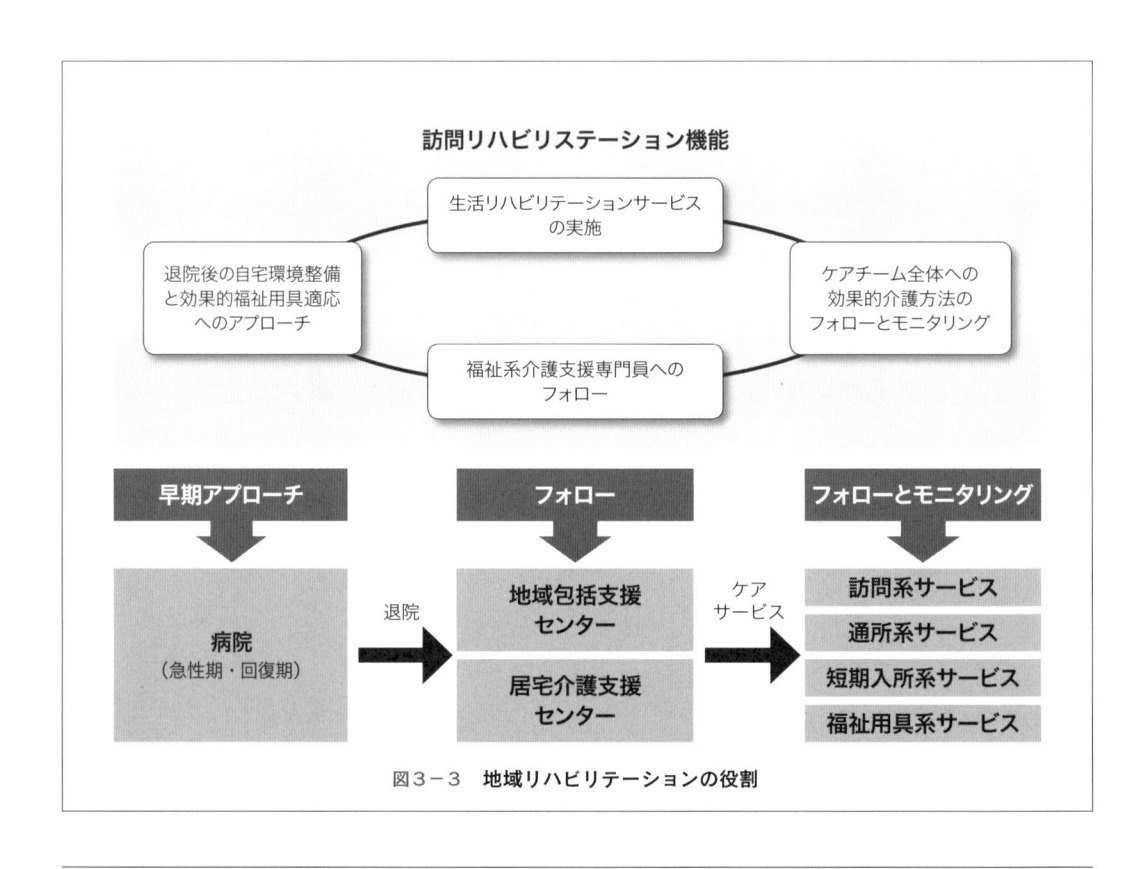

図3-3　地域リハビリテーションの役割

[*3] 介護支援専門員の職種別合格者数について、2005(平成17)年度(介護保険法が一部改正された年度)は医療職(看護師、作業療法士、理学療法士等)比率が約30％、福祉職(介護福祉士、社会福祉士等)が約58％だったのに対し、2009(平成21)年度は医療職が約13％、福祉職が約87％と大幅に変化している。

4 介護予防の促進

1 これまでの自立支援の考え方——ハンディキャップを補うケア

　介護保険法第1条の条文に「介護、排泄、食事等の介護、機能訓練並びに看護及び療養上の管理その他医療を要する者等について、これらの者が尊厳を保持し、その有する能力に応じ自立した日常生活を営むことができるよう、必要な保健医療サービス及び医療サービスに係る給付を行うため、国民の共同連帯の理念に基づき介護保険制度を設け……(略)」と記載されている。つまり本人のハンディキャップに着目するのではなく、残された能力や強さに着目して援助、支援することが、マネジメントを行う中で最も重要とされている。

　この基本原則に従って、介護支援専門員が中心となり、介護予防に向けたケアマネジメントが実施されてきた。また、実際の介護の技術についても、本人の自立支援に向けて、障害を受けた能力を補うことと、残された能力を強化する方法が洗練化されてきた。

2 これからの自立支援の考え方——ハンディキャップそのものを予防するケア

　本人の全人的なウェルビーング*1の実現を考える時、ハンディキャップを負うこと自体がその実現を妨げることになってしまう。つまりその実現には、ハンディキャップに陥る要因そのものを予防していくといった健康予防の概念がケアマネジメントプロセスの中で必要になってくる。そのためには、健康管理や筋力維持といったフィジカルに対するものはもちろんのこと、メンタル面での機能低下に対する予防も重要な要素となる。特にメンタル障害に伴う社会的孤立や引きこもりは、日常生活場面での活動性の低下を招き、結果として全身的機能の低下を加速させる。さらに自殺に至るケースも少なくない。

　これらを予防するには、本人、家族ならびにその置かれている家庭環境、地域環境を的確に評価し、それらが持つ潜在的能力や強さを引き出し、家族と地域そして専門職が一体となって、本人を取り巻く身体的リスク、精神的リスク、環境的リスクを、介護状態となる以前の段階から包括的・効果的に予防していくという視点が非常に重要になる。

---

*1　環境面、精神面、身体面において、健康的で幸福な状態のこと。

3 地域包括支援センター機能への期待

　2006（平成18）年の介護保険法一部改正により、「地域住民の心身の健康の保持及び生活の安定のために必要な援助を行うことにより、地域住民の保健医療の向上及び福祉の増進を包括的に支援することを目的」として新たに地域包括支援センターが創設された。

　この地域包括支援センターの事業内容は包括的支援事業と指定介護予防支援から成り、これらの事業を適正に実施するため、原則として保健師、社会福祉士、主任介護支援専門員を置くこととされている。そして、地域の総合相談窓口として、地域住民の相談の内容に応じて3職種が異なる専門的視点から地域住民の心身の健康の保持および生活の安定のために必要な援助を行い、保健医療の向上および福祉の増進を包括的に支援することを目的として設置されている施設（機関）である[2]。

　この地域包括支援センターの事業の中で特に注目する点として、包括的支援事業があげられる。この包括的支援事業とは、次の4つである。3職種が連携し、この4つの事業を地域において一体的に実施する中核機関としての役割を担う[3]。

①介護予防ケアマネジメント事業
②総合相談・支援事業
③権利擁護事業
④包括的・継続的ケアマネジメント支援事業

　介護予防の促進を図る場合に、前述のように専門職による的確な評価と地域の中での包括的予防に加えて、身近な地域に存在するさまざまな小規模、インフォーマルな組織・活動（町内会、老人クラブ、地域互助活動、NPO、ボランティア等）のネットワークを開発・活用し、地域の力により、地域ぐるみで介護を予防する仕組みをつくることも重要である。それを行ううえで中心となる機関が地域包括支援センターであり、その機能への期待は非常に大きい。

---

[2]　介護保険法第六章「地域支援事業等」の一部を引用。
[3]　厚生労働省老健局計画課長、振興課長、老人保健課長発通知（地方自治法に基づく技術的助言）「地域包括支援センターの設置運営について」、2008年。

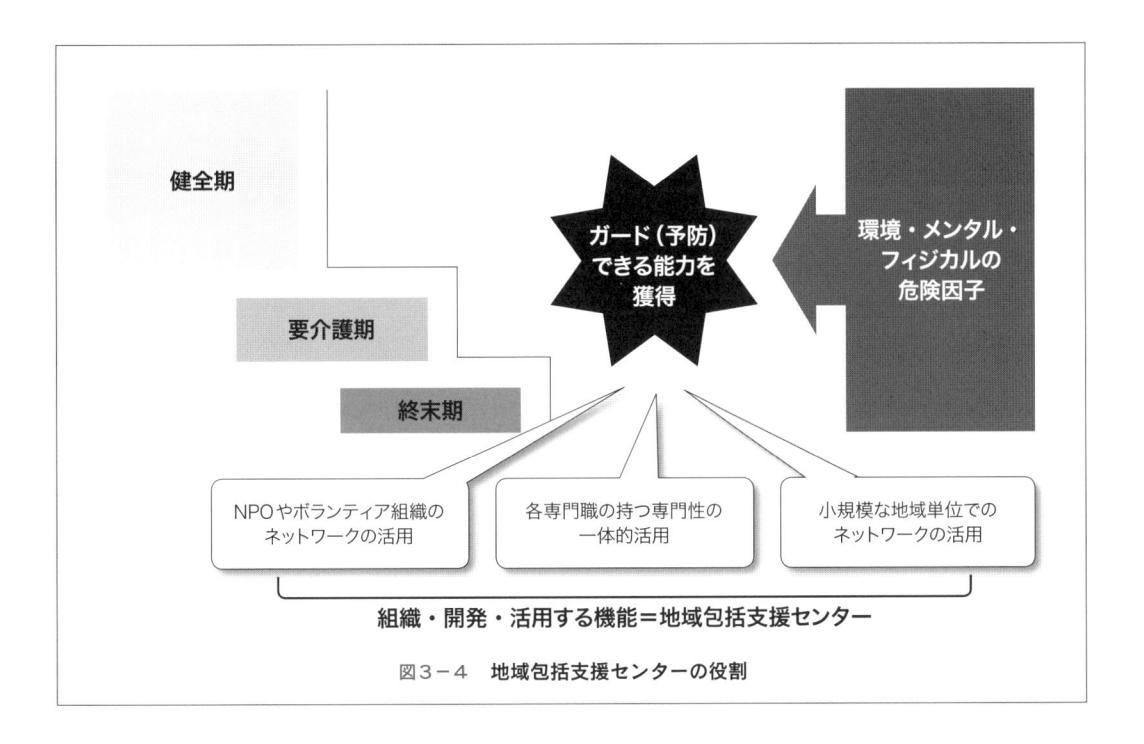

図3-4　地域包括支援センターの役割

5 「住まい」と介護

1 「住まい」サービスの重要性

　高齢者が生活の必要に応じて、異なる種類の住まいを段階的にまた積極的に選択できるようにするという「住まい方の選択の自由」の考え方は、北欧の社会では極めて常識的なことと考えられている。その理由は、「住まい」が健康・社会サービス、介護サービスと大きな関連を有していると考えられているからである。「住まい」を選択できることを通じて、利用する介護サービスの質を改善することができる。そして、安定的な「住まい」条件を確保し、高齢者ができるだけ長く自分の「住まい」で暮らし続けることで、新しいサービス事業の創造やサービス提供空間の拡がりの工夫が促される。そうしたことで、社会サービス・介護サービスの社会全体としての適正化や効率化が促進できると考えられている。

　これに対し、わが国では長年にわたり持家政策が推進されてきた。その中で、高齢者向け住宅については、1964（昭和39）年に高齢世帯向け特定目的公営住宅が始まり、当初は貧困・孤立対策に主眼が置かれていた。その後、1987（昭和62）年にシルバーハウジングの供給が始まり、1995（平成7）年の長寿社会対応住宅建設指針で「バリアフリー化」が打ち出された。最近では2008（平成20）年の社会資本整備審議会答申で良質な住宅ストック形成という視点が打ち出された。住宅戸数の10％程度がすでに未活用住宅になっているといわれるわが国の現状に照らせば、資産形成としての持家という考え方は、これほどに進んだ少子・高齢化社会に適合した政策とはいえなくなっている。むしろ、住宅活用の流動性を高め、ライフステージに沿った住み替えを促していくことが現実的な道になっている。

2 「住まい」促進の制度基盤

　図3－5は、スウェーデンで最も保健・社会サービスが充実しているといわれているストックホルムに隣接するナッキャ市における「利用者選択システム」の手続きを表している。高齢者の住み替え向け住宅への申し込み時にわが国の要介護認定のような8段階の評価を受け、重度に応じてバウチャー（行政が、公共サービスの実施に当たり、特定の目的を定めて個人に対し補助金を支給する制度のことで、現金給付に変えて引換券が支給され

「住まい」と介護 ⑤

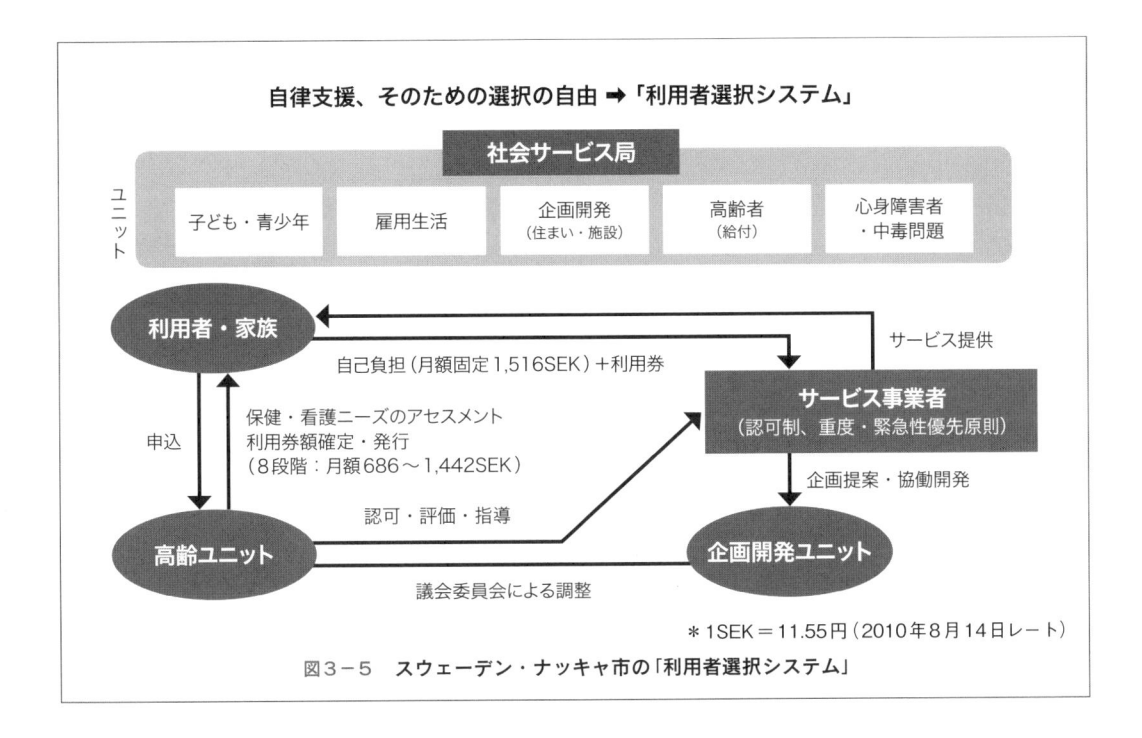

```
自律支援、そのための選択の自由 ➡「利用者選択システム」
                    社会サービス局
ユ  子ども・青少年  雇用生活  企画開発      高齢者    心身障害者
ニ                        (住まい・施設)   (給付)    ・中毒問題
ッ
ト
                                      サービス提供
  利用者・家族 ←――――――――――――――
         自己負担(月額固定1,516SEK)+利用券   サービス事業者
   申込  保健・看護ニーズのアセスメント      (認可制、重度・緊急性優先原則)
        利用券額確定・発行
        (8段階:月額686〜1,442SEK)
                                      企画提案・協働開発
        認可・評価・指導
  高齢ユニット ――――――――――――→ 企画開発ユニット
        議会委員会による調整
                    * 1SEK = 11.55円(2010年8月14日レート)
```

図3-5 スウェーデン・ナッキャ市の「利用者選択システム」

るもの)の金額や、住宅の種類が決まる仕組みである。つまり、住み替え向け住宅は、介護サービスの必要度やサービス内容と一体で運用されるように設計されている。

また、同じく住宅補助が充実しているフィンランドでは、国民年金庁から、高齢者と16歳以上の貧困者に「住まい支援費」が給付されており、下記の計算式で算出された額が、賃貸住宅、部分的所有権住宅、居住権付き住宅、サービスホーム、ケア付きアパート、民間老人ホーム、分譲アパート、戸建持家のすべてに給付される。

$$0.85 \times [居住費 - (定額の基本自己負担金 + 追加自己負担金)] = 住まい支援費$$

このうち「居住費」には、家賃、ローン利子、維持管理費、暖房費が含まれる。つまり、「住まい」は自己責任の範囲の問題ではなく、人間らしい生活の保持にとって最も基本的な条件であって、社会的に保障すべきものと考えられている。

ちなみに、ナーシングホームとケア付き住宅については、住まい支援費は国民年金庁が、24時間の看護サービスとケアサービス費用は基礎自治体が負担することとなっている。居住とサービスの分離原則である。

3 日本の政策の展望

「住まい方の選択の自由」を介護サービスと一体で社会的に保障するという考えが定着している北欧の事例は、わが国の今後の政策制度展開の方向性を示唆している。わが国でも

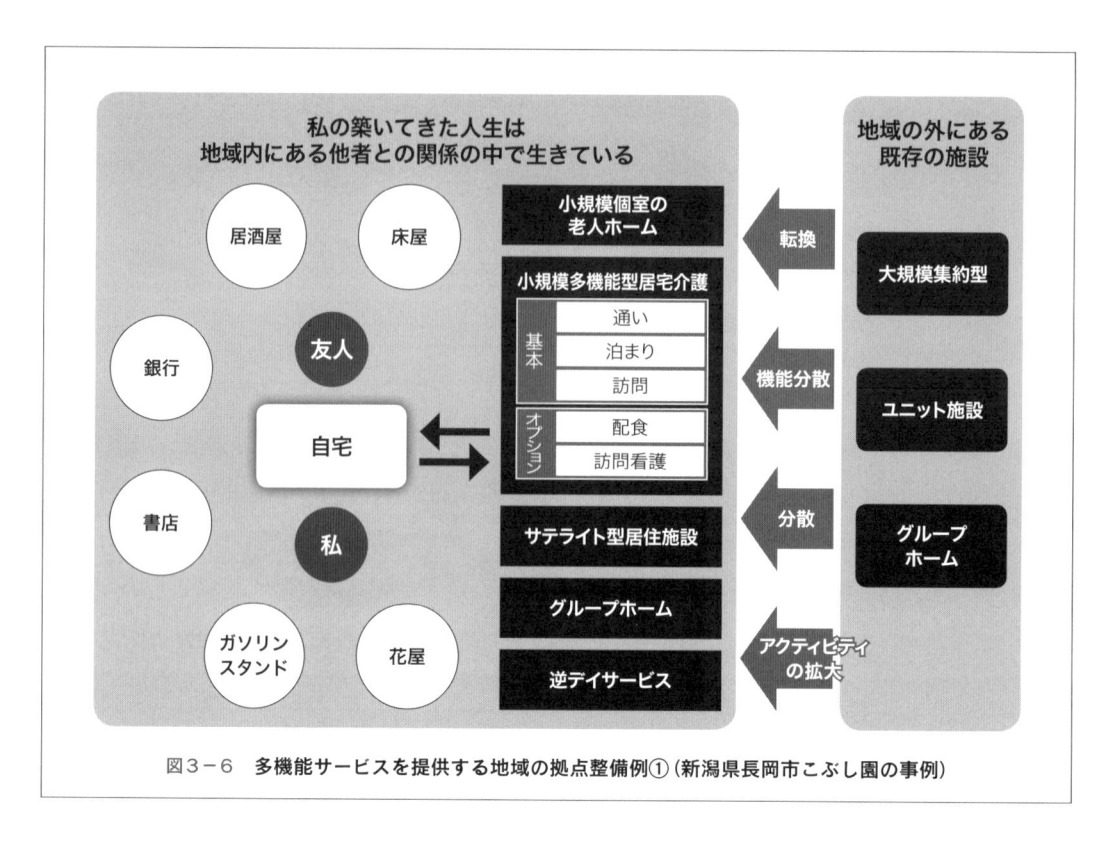

第3章 地域包括ケアの実践

図3-6 多機能サービスを提供する地域の拠点整備例①（新潟県長岡市こぶし園の事例）

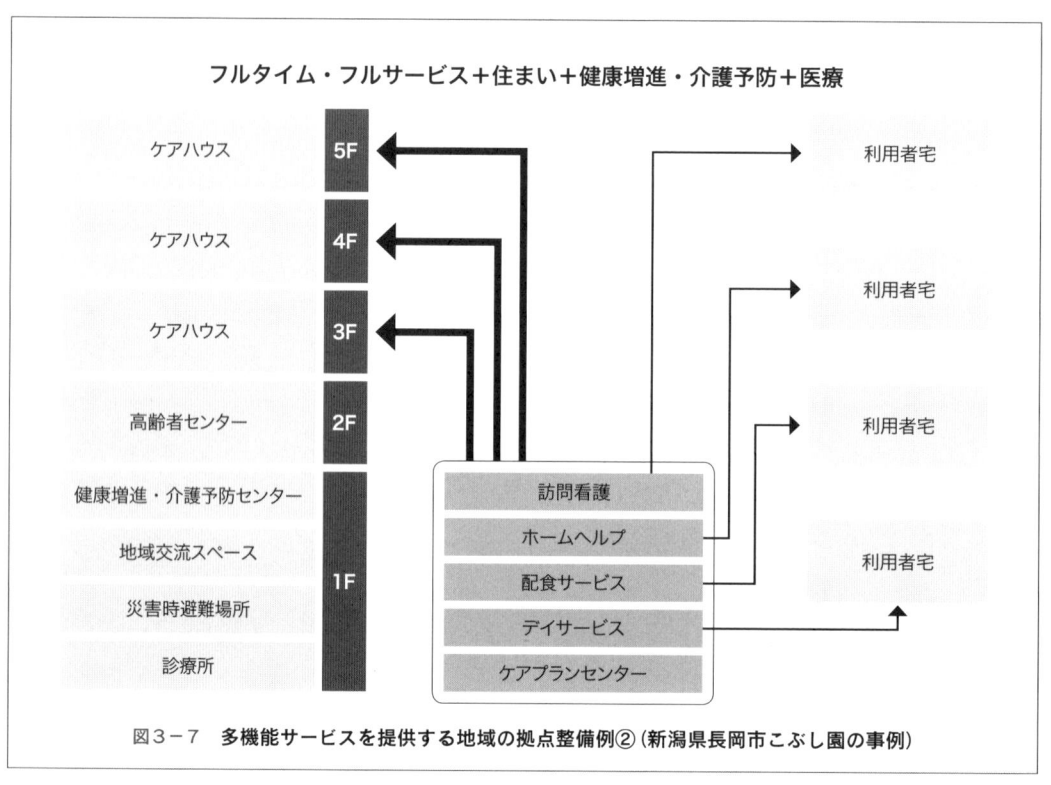

図3-7 多機能サービスを提供する地域の拠点整備例②（新潟県長岡市こぶし園の事例）

取り組み事例があり、例えば図3-6、7は、住まいとケアサービスの分離を積極的に進めている新潟県長岡市の高齢者総合ケアセンター「こぶし園」の方式を図示したものである。

この方式では、既存の施設を機能転換と機能分散で地域に移行させていく。そして、地域拠点化された訪問系・生活支援系サービスを、各種施設や居宅に届けていく方式を目指している。そこで、地域内に多様な「住まい」を確保しなければならなくなる。

現在のところ、全国の介護保険3施設の収容人員は841,064名である[*1]。軽費老人ホームや有料老人ホームなどその他の施設・居住系サービスが474,468名であるのに対し、シルバーハウジングや高齢者専用賃貸住宅など高齢者向け住宅はわずか82,486戸であり[*2]、今後、「地域包括ケア」への本格的な移行に伴って、空き家活用など「住まい方の選択の自由」の保障が、わが国でも大きな政策課題になっていくことが推測できる。「高齢者の居住の安定確保に関する法律の一部を改正する法律」では、都道府県が高齢者居住安定確保計画を策定し、供給目標等を明記すること、また高齢者生活支援施設と一体となった高齢者向け優良賃貸住宅の供給促進などが盛り込まれている。

「こぶし園」方式が、ケアニーズの実勢を踏まえた介護サービスの保障という視点から優れているかどうかのエビデンスは、今後に待つ以外ない。また、国の施策の中で「住まい」と介護サービスがどのような体系で関連付けられていくのかは、いまだ不透明である。しかし、介護事業者としては、政策・施策の有力な方向性を踏まえた戦略的な準備が不可欠で、その際には、すでに運営している病院・施設の居住機能を、どの部分について、どの程度まで地域に機能分散させていくか、居住機能に一体で関わる介護サービス等の具体的な中身とその担い手の育成をどう計画的に行っていくかなど、2012（平成24）年の介護報酬改定を目途に、早急に検討することが課題となっている。

---

*1　厚生労働省「平成20年介護サービス施設・事業所調査」、2008年。
*2　厚生労働省「第25回社会保障審議会介護保険部会資料」、2010年。

第4章
介護人材マネジメントの戦略

1. 人事制度の構築
2. 雇用ポートフォリオ
3. 人材育成
4. 職種間連携
5. "ひと"を活かす仕組みづくり

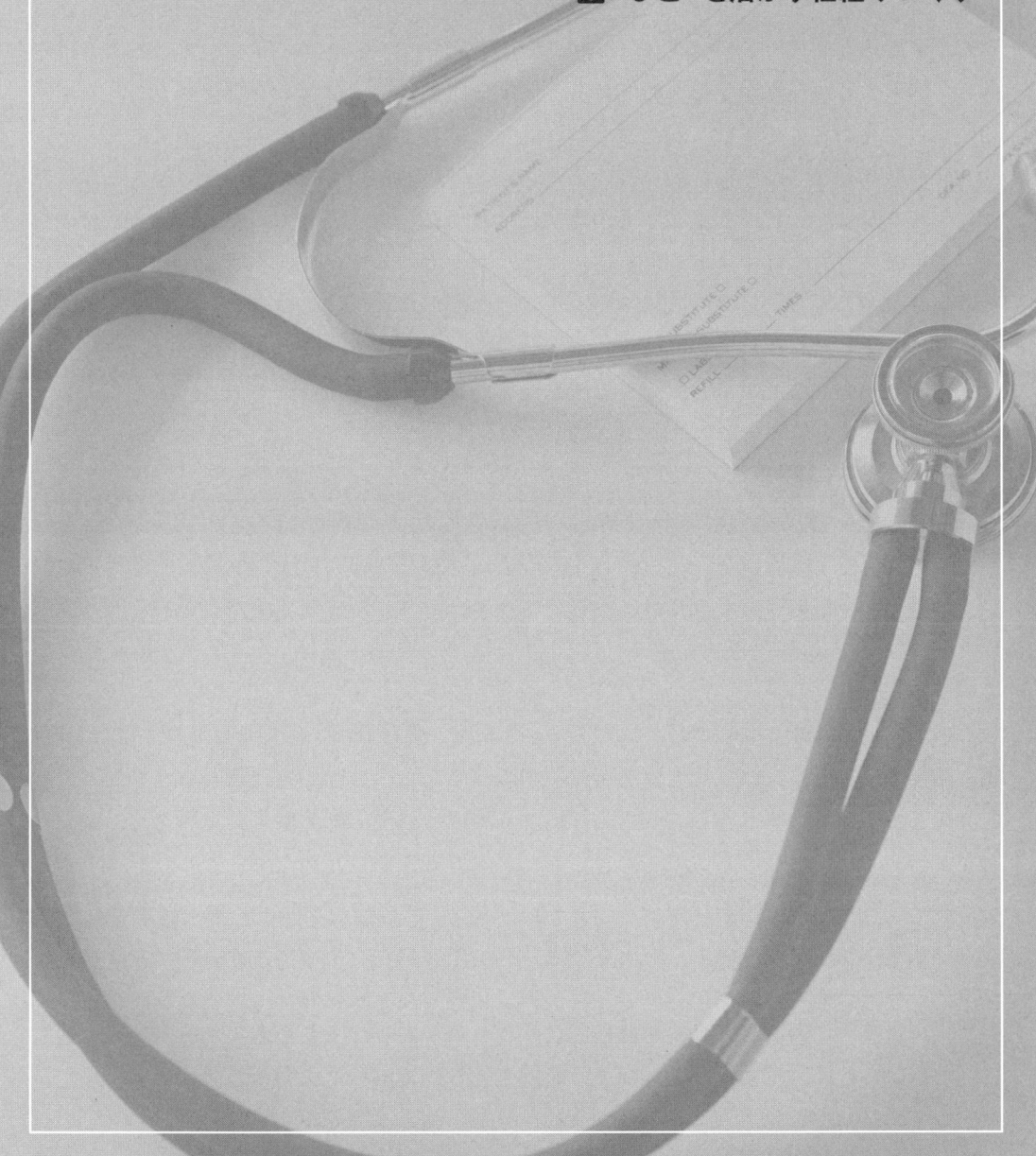

1 人事制度の構築

1 人事制度の重要性

　経営の資源は「ひと（人的資源）」、「モノ（設備等）」、「カネ（資金）」、「情報」である。人事制度はこのうちの「ひと（人的資源）」、すなわち「人材」を企業組織としてどのように処遇し、活用するかを規定するものである。医療分野であれ、福祉・介護分野であれ、最終的に患者や利用者にサービスが提供される局面ではフェイス・トゥ・フェイスのヒューマン・サービスとしての性質を持っているから、企業組織として質の高いサービスを提供できるかどうかは、人材によるところが非常に大きい。したがって、組織における人材の処遇、活用のあり方を示す人事制度をどのような考え方に基づいて構築するかということはとりわけ重要となる。一方で人事制度を労働者の側から見れば、自身の仕事がどのように評価され、また、将来にわたるキャリアパスをどのように描けるかに関わるものであり、仕事や能力開発へのモチベーション形成に大きな影響を与えるものである。

2 人事制度の類型

　人事制度を貫く論理には、いわゆる「年功的」、「能力主義的」、「成果・業績主義的」など、いくつかの類型がある。それぞれに多くのバリエーションが存在するが、業界を問わず大きく見れば、現在は、「能力主義的」あるいは「成果・業績主義的」人事制度が広く普及している。
　人事制度は、職員の格付けのあり方を中心として、評価制度、目標管理制度、賃金制度、能力開発の仕組み、広い意味では福利厚生の制度も含む人材の処遇に関わるサブシステムで構成されている。すなわち、人材の採用から育成、異動・配置管理、退職まで、働く者のキャリアすべてに関わるものであり、あるべき方向性を見定めたトータルなシステムとして設計されることが望ましい。
　では介護経営においては、どのような考え方に基づいて人事制度が設計されるべきであろうか。新卒一括採用、長期勤続といった慣行が定着しているわけではない介護経営においては、職員の年齢構成と勤続年数構成にバラツキがあり、そもそも年功的な処遇は適しているとはいえない。また、例えば単位時間当たりに実施した介護行為の回数といった単

純な指標で介護サービスの質を測り、それを成果・業績として人事評価の指標とすることは適切とはいえないから、成果・業績主義的な処遇も適しているとはいえない。むしろ、サービスの量や質はそれを提供する職員の能力によるところが大きいことから、能力主義的な考え方に基づいた人事処遇制度として設計されることが望ましい。

3 介護人材マネジメントを取り巻く現状

　介護サービスの需要が増大する一方で、昨今の介護労働市場においては、慢性的な人材不足、離職率の高さ、定着率の低さ、賃金水準の低さ等が問題となっている。多大な採用コストをかけてようやく人材を確保しても、離職率が高く人材の流出が常態化してしまっていては、経営の観点から見て非効率であるし、従業員のモラールに与える負の影響も大きい。また、そもそも介護経営にあっては、サービスの質は職員の能力によるところが大きいのであるから、採用された職員が仕事そのものや教育訓練制度を通じて継続的に能力を高めながら定着をすることが、組織として質の高いサービスを提供する基礎となるのである。

　しかしながら、財団法人介護労働安定センターが2007（平成19）年度に実施した「介護施設雇用管理実態調査」の結果によると、「介護能力の向上に向けた研修」（78.8％）は比較的多くの事業所が実施しているが、「介護の能力を適切に評価し給与等に反映する仕組み」（38.5％）や「介護の能力向上を意図した仕事の割り当て」（34.8％）などを行う事業所の割合は少ない。人材の重要性は認識され、職員の能力向上の取り組みは積極的に進められている一方で、配置やキャリア、評価や処遇と結び付けたトータルな人事制度の構築にまでは至っていないという状況が伺える。

4 採用から育成、活用をトータルに見すえた能力開発型人事制度

　社会における介護ニーズの増大と介護サービスを担う人材不足という環境条件のもと、介護経営における人事制度には、採用から育成、活用をトータルに見すえた仕組みづくりが求められる。人材という能力資源はモノと異なり、外部労働市場での即時的な調達が難しい。したがって、たとえ人材不足という厳しい環境条件が緩和されたとしても、この原則は変わらない。よって人事制度は職員をどのように育成し、活用するかという考えを基軸に置いた能力開発型人事制度として構築されるべきである。

　能力開発型人事制度の代表例としては、過去に広く日本企業で構築されてきた「職能資格制度」がある。自社組織においてどのような職務が存在するかを明らかにする職務分析を基礎として、その職務を遂行するために必要な能力とは何か（職務遂行能力）を明らかにし、人事制度に関わるすべての領域における基準として従業員を格付け、処遇し、育成

第4章　介護人材マネジメントの戦略

するトータルな仕組みである。経営側から見れば、自社組織がどれだけの能力資源を保有しているか把握でき、市場のニーズに即した計画的な能力資源の活用と開発が可能となるし、職員の側から見れば、キャリアパスを見通した段階的な能力開発が可能となり、モチベーションアップにもつながるものであり、今後の介護経営において強く求められるものである。

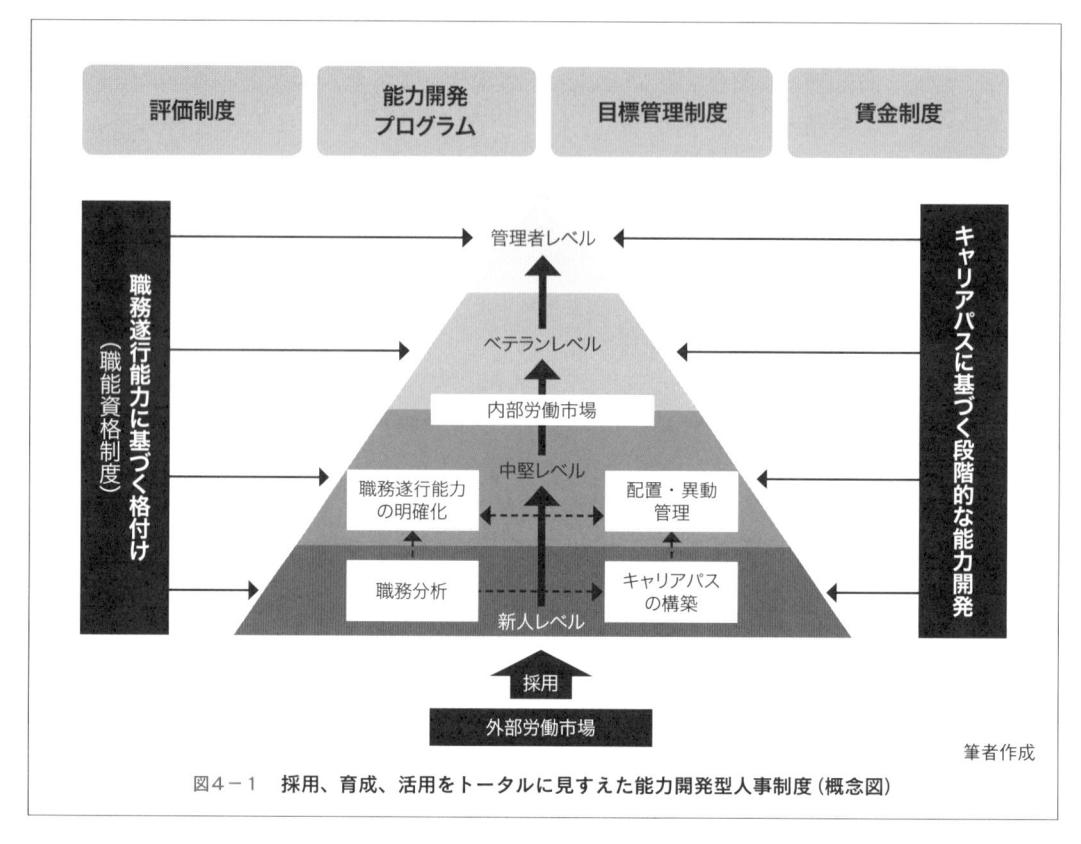

図4-1　採用、育成、活用をトータルに見すえた能力開発型人事制度（概念図）

② 雇用ポートフォリオ

1　雇用ポートフォリオとは

　雇用ポートフォリオの考え方が日本に登場したのは、旧日本経営者団体連盟（現日本経済団体連合会）が1995（平成7）年に発表した「新時代の『日本的経営』：挑戦すべき方向とその具体策」においてであった。雇用ポートフォリオは、企業が雇用する層を「長期蓄積能力活用型」、「高度専門能力活用型」、「雇用柔軟型」の3つのグループに分け、企業を取り巻く環境条件の変化に対応するため、人材の育成と業務の効率化を軸に置きつつも、「仕事、ひと、コストを最も効果的に組み合わせた企業経営」を実現するために考案されたものであった。すなわち、すべての人材を一律に長期勤続層として組織に抱え込むことによる人件費比率の高騰や組織の硬直化といったリスクを軽減し、市場環境の変化に対応して生き残ることのできる組織づくりを目指したものであった。

2　雇用ポートフォリオの戦略

　雇用ポートフォリオを積極的な人事戦略として位置付けた場合には、具体的にはフルタイムで働く正規職員、嘱託職員、パートタイマー、さらに派遣労働者といった外部人材をいかに効果的に組み合わせて活用するかということが課題となる。
　雇用ポートフォリオ戦略を策定する場合には、単に人件費比率をいかに下げるかという人材コストの面だけを考慮すればよいというものではない。むしろ自社組織が提供するサービスの質・量から見て、何が組織のコア職務・人材であるかという観点から発想しなければならない。そうしなければ組織の基本的な価値を見失ってしまうことになる。
　また一方で、それぞれの労働者の働き方への希望、キャリア展開への希望を考慮して、それとのマッチングを図っていくことも大切である。パートタイマーや派遣での就業を希望する者には、正社員として就業を希望する層とは異なる就業ニーズを持つ者が多い。たとえ短時間のパートタイマーであったとしても、短期的あるいは補完的な役割としてだけ活用するのではなく、職務の見直し、人材育成やキャリアパスのあり方の再構築等を通じて長期的、安定的な活用を見込んだ位置付けを行っていくことが必要なのではないだろうか。

第4章　介護人材マネジメントの戦略

　雇用ポートフォリオの戦略は、内部労働市場だけでなく、外部労働市場に対しても、自社組織がどのような人材活用をしているのかを示すものである。したがって、求職者のさまざまなニーズを捉え、それにアピールしていけるものでなければならない。このことは、どのように働いてもらいたいか、あるいはどのように働きたい人材を求めているかを外部（求職者）に示すことなので、人材の採用におけるミスマッチを回避するという効果もある。

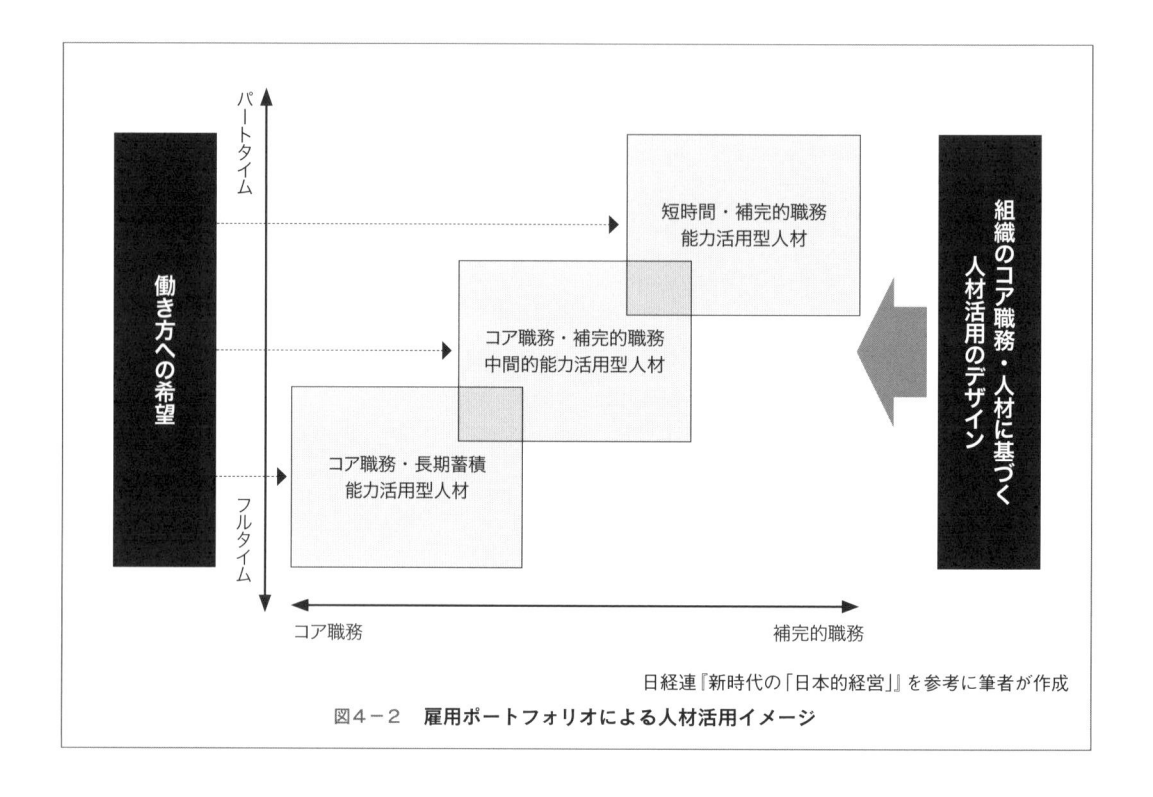

図4-2　雇用ポートフォリオによる人材活用イメージ

（日経連『新時代の「日本的経営」』を参考に筆者が作成）

3　消極的な人材活用の現状

　では、介護経営における雇用ポートフォリオの現状はどうだろうか。正規職員、嘱託職員、パートタイマー、派遣労働者といった複数の雇用形態の職員を活用しているケースが一般的であろう。しかしながらその内実は、慢性的な人材難という状況のもと、正社員を採用したいがそれが困難であるから嘱託職員やパートタイマーで対応したり、職員の退職後、新たな職員採用までにかかる期間の埋め合わせとして派遣人材で対応したり、あるいは人件費比率の長期固定費化を危惧して雇用期間の定めのある嘱託職員の割合を大きくしたりといったように、さまざまな人事管理上の既出課題への対処療法的な対応としての人材活用となっている場合が少なくないのではないだろうか。こうしたケースは、労働者の側から見れば雇用の不安定さを生むだけでなく、仕事や能力開発へのモチベーションを損なう要因にもなる。

4 積極的な価値創造にむけた雇用ポートフォリオ戦略策定の重要性

　雇用ポートフォリオは単に異なる雇用形態の職員層を組み合わせて活用するということではない。組織が提供する介護サービスの質・量の高度化および安定化を実現するための方策として設計されなければならない。雇用ポートフォリオ戦略に表現されるのは、効果的な人材活用のあり方を通じてどのような価値のサービスを創造していくかというそれぞれの組織の考え方そのものなのである。

　介護経営においては、例えば施設を思い浮かべれば、経営管理、経理・事務、相談支援、介護、リハビリテーション、栄養、調理、環境整備等のさまざまな役割に応じた部門があるが、そのどれが欠けても施設として提供するサービスは成り立たない。ここでいう介護サービスは、例えば食事介助や入浴介助といった個々の直接処遇を意味するのではなく、それぞれの部門を通じて提供される機能を一体として見る包括的な意味での介護サービスのことである。

　こうした意味での良質な介護サービスを組織として提供していくには、部門ごとに切り離して人材活用を考えていたのでは不十分である。それぞれの部門がどのような職務で構成されているのかをまず把握したうえで、部門を越えて組織全体としてのコア職務を洗い出し、それに対してどのような就業形態の人材層の組み合わせが効率性や安定性の観点から望まれるか、という思考の順序に基づいた組織の再構築が必要となっている。

3 人材育成

1 人材育成の重要性

　施設サービスであっても在宅サービスであっても、介護サービスは常にひと(介護関係専門職)とひと(利用者)の関係性の中で行われる営みであり、介護事業の経営においてサービスの質を大きく左右するのは、実際にサービス提供を担う職員という人的資源である。したがって、人的資源をいかに効果的・効率的に活用するかということが経営にとって重要な課題となる。さらに介護経営においては、労働市場における人材不足という状況もあり、限られた人的資源をいかに育成し、能力を発揮してもらい、活用するかということが非常に重要となる。また、雇用ポートフォリオ戦略において位置付けた人材活用グループそれぞれに応じた人材育成プログラムを用意することも必要であろう。

2 OJTとOff-JTの効果的な組み合わせ

　人材育成の要は計画的なOJT(On the Job Training)とOff-JT(Off the Job Training)である。OJTは実際に業務を行いながら仕事への能力を高めていくものであり、Off-JTは現場から離れて行う研修のことである。

　財団法人介護労働安定センターが2007(平成19)年度に実施した調査によれば、「自治体や業界団体が主催する教育・研修には積極的に参加させるようにしている」(61.0%)という法人が比較的多い一方で、「法人全体で連携して管理職候補の育成に取り組んでいる」(22.0%)、「管理職に対する体系的な研修を行っている」(21.1%)、「新任管理職に指導担当者を付け、実務の中で指導・アドバイスしている」(17.7%)といった取り組みをしている法人が比較的少ないという結果が出ており、人材育成の取り組みが管理職層までを対象とするには至っていない現状が伺える。

　OJTで重要となるのは、仕事の難しさや幅の広さに応じて段階を追って計画的に成されるようにすることである。介護施設においては、入職初期に集中してOJTが行われることが多いが、それだけでは不十分であり、例えばチームリーダーや主任職、それ以上の管理職層といったキャリアの段階に応じた長期的な視点で計画されることが必要である。

　Off-JTについては、職場内研修会の実施や外部研修を活用する形で実施されていること

が多い。しかしながらより効果的に行うためには、OJT同様、それぞれの職員の能力形成の段階を踏まえて長期的な視点に基づいて計画的に実施することが重要である。また、OJTとOff-JTの関連性を意識した設計や組み合わせを行い、能力段階に応じて経験を積んでいけるような仕組みにすることが効果的である。

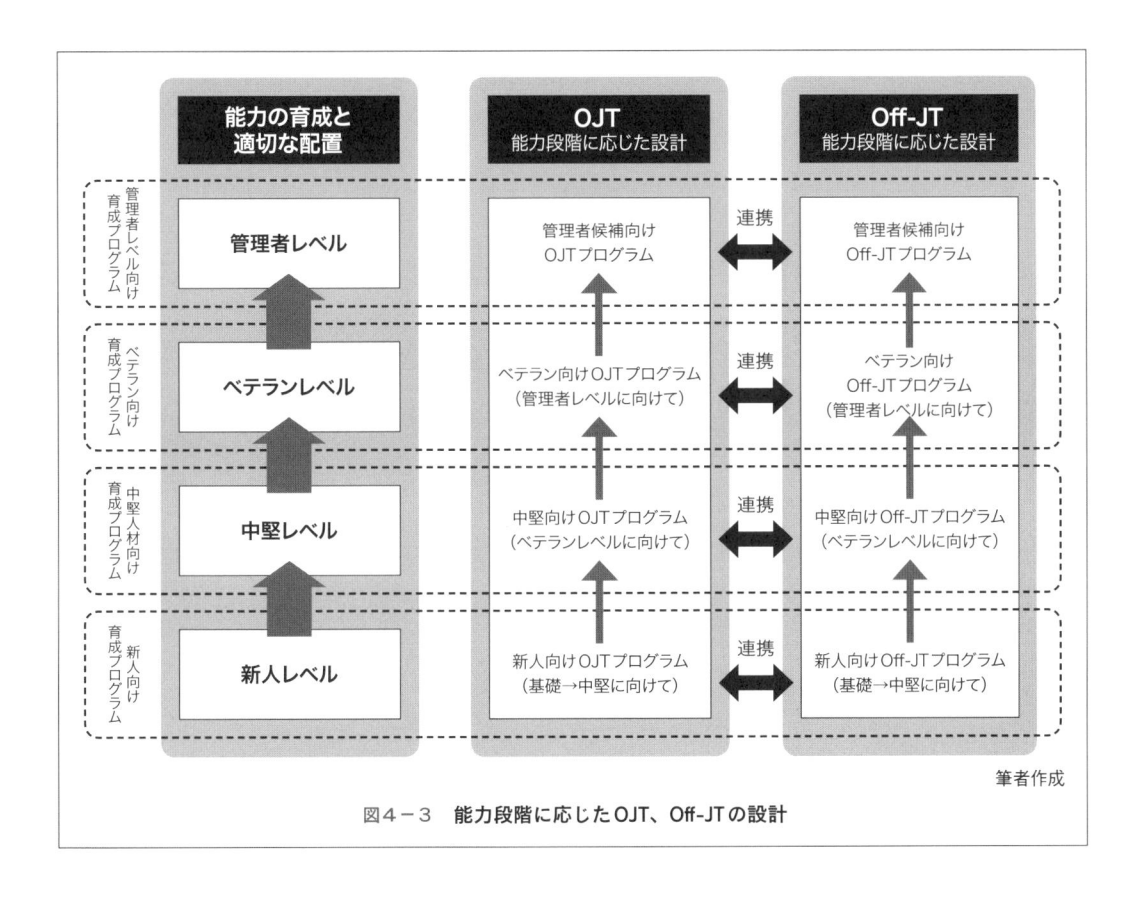

図4-3 能力段階に応じたOJT、Off-JTの設計

3 配置管理

　配置人員の過不足に対応するといった消極的な配置管理ではなく、人材育成の観点から行うことも重要である。配置される職員が段階を追って難しい仕事、幅の広い仕事に取り組むことができるような仕組みが能力開発につながるからである。それには経営の視点からすれば、組織内におけるキャリアパスを明確化することがまず必要となる。能力開発の観点から見た場合にどの順番で職務の経験を積むのがよいのか、またそれぞれの職務はどれだけの期間経験する必要があるのかといったことを明らかにするということである。現在の職務を遂行する能力は既に十分すぎるほど身についているのに、長期間その職務に従事しているだけでは組織としては人的資源のムダ遣いになってしまうし、働く側からすれば仕事のやりがいが薄れてしまうこともあるだろう。職務の難易度段階と職員の保有する

職務遂行能力の対応関係に注意を払いながら、メリハリをつけた適材適所の人事異動が組織を活性化し、人材の育成につながる。

4 チーム力の育成

　介護施設における仕事はチーム労働という側面が強い。したがって、いくら個人の介護スキルが向上してもチームとしてメンバーの連携がうまくいっていなければ、個人の能力をムダにしてしまうことになりかねない。職員はそれぞれが個性を持った人間（個人）であるということを前提に、相互によい刺激を与え合えるようなチーム編成を行い、個人が能力を高めつつもチームとして高い能力を発揮できるような工夫も必要である。

5 キャリア開発

　人材育成の観点からすれば、事業を越えた広域的なキャリアパスを構築することもこれからの介護経営には求められる。介護事業においては、1つの事業所の規模はそれほど大きくないため、事業所内でのキャリア展開にはおのずと限界がある。これを打破するには、経営する複数の異種事業を見渡し、法人の事業全体を通じてキャリアアップを図っていけるような仕組みにすることである。もちろん、事業の拡大は抱える人材のキャリアを構築するために行われるものではないが、事業展開に応じて事業所を越えた広域的なキャリアパスを構築していくという考え方は、人材育成の視点からは重要なことである。

4 職種間連携

1 多職種連携

　介護福祉施設においては、24時間365日、利用者の生活を専門職によるケアを通じて切れ目なく支えるために、多くの職種が配置されている。例えば介護老人保健施設であれば、各職種の配置基準は「介護老人保健施設の人員、施設及び設備並びに運営に関する基準（平成11年3月31日厚生省令第40号）」において定められている通りであり、医師、薬剤師、看護師もしくは准看護師、支援相談員、理学療法士、作業療法士または言語聴覚士、栄養士、介護支援専門員、調理員等の職種がそれぞれ必要数配置されている。これ以外にも各施設で、それぞれの必要性の判断から配置されている職種もある。

　施設においては、例えば入浴介助の方法をとっても、ケアカンファレンスといった場を通じて相談員、介護支援専門員、看護職員、介護職員がその利用者に最も適するケアの仕方について検討する機会が定期的に持たれるなど、それぞれの職種の専門的知見を活かす形で連携が行われている。ケアカンファレンスで決定したケア方針に沿った方法で実際に介護職がケアを行い、そのケアプロセスで得られた「気付き」をもとに、さらにユニットミーティングといった現場ミーティングや再度のケアカンファレンス等を通じて多職種の知見を取り入れながら調整を図っていく。介護施設の現場ではこうした多職種連携のプロセスが継続的に行われている。

2 介護と看護の連携

　介護施設においては、介護と看護の連携が日常的に行われており、介護職と看護職は他の職種に比べて特に職務領域が近接、あるいは重なる部分が大きい。認知症介護現場における看護技能と介護技能の連携、統合の実態を調査した研究[*1]によれば、看護技能と介護技能には重なる領域があり、その中身を見ていくと「看護技能の専管領域」、「看護技能の有利領域」、「介護技能の有利領域」があることが明らかになっている。そしてさらに、こうした連携あるいは協働関係はそれぞれの専門性に基づくアプローチや視点の違いでは

[*1] 東北福祉大学認知症ケア看護・介護統合化研究会、研究代表：小笠原浩一「高年齢障害者ケアにおける看護技能と介護技能の統合化に関する実証的研究」（財団法人みずほ教育福祉財団研究助成　平成19〜21年度）。

なく、「ヒューマン・センタード」という利用者本位の関わりにおける協働（実際の仕事＝ケア）から経験的、合目的的に生じているものであるとされている。すなわち、職務分掌をデザインする際には、背景資格を基にした専門性の徹底というアプローチではなく、利用者へのケアを通して生まれる必然的な連携、協働関係の視点を大切にすることが重要であるということが示唆されている。

3 マネジメント層（管理者）の役割

　最後に、こうした職種間連携に対するマネジメント層（管理者）の役割について述べたい。

　1つ目は、ケアカンファレンスやケース検討会といった多職種連携の場面を持つことの徹底や連携活性化のための後方支援である。これは職種間の情報の偏りを防ぐ効果を持つ。多職種がそれぞれの持ち場（現場業務）を離れてカンファレンスを開催するには、それに対応できるシフトを組む必要があり、人員体制の整備がマネジメント層にとっての課題となる。

　2つ目は、多職種連携、分業や協業に関わる研修プログラムの実施である。これは、直接的コミュニケーションが少ない部署間の情報共有を図るものである。例えば、介護部門－栄養・調理部門－事務部門といった部門間では分業が確立している。しかし、利用者や家族の視点から見れば、利用者ケアに関わる同じ施設の職員であり、介護部門が食事や栄養関係についてあまりにも知らなかったり、事務部門が施設のケア方針を知らなかったりすることは好ましくない。すなわちマネジメント層にとっては、多職種連携の基礎となる情報共有の場として、あるいは人材育成・教育の機会として、多職種連携・協働をテーマとした研修プログラムを意識的に設定することが求められる。

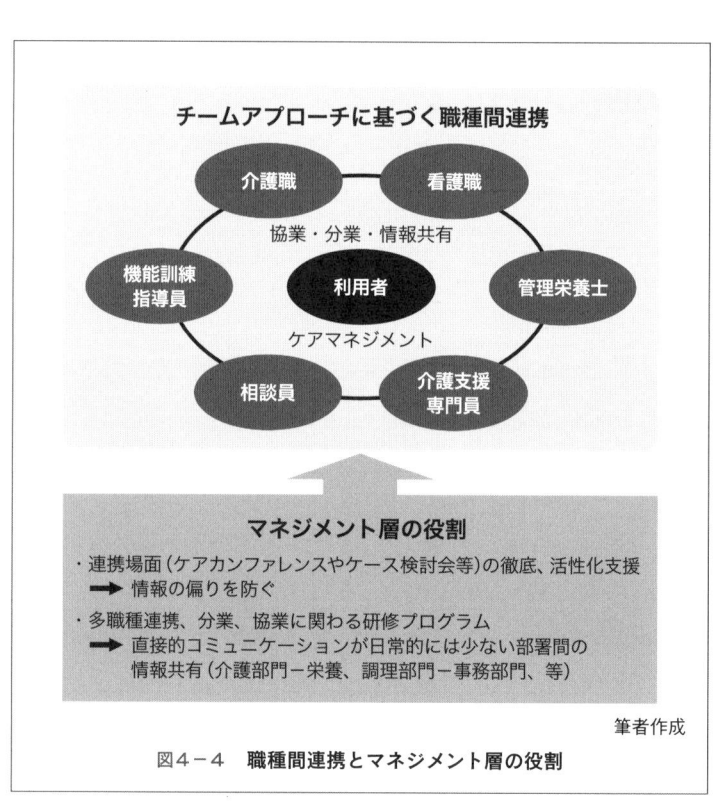

図4-4　職種間連携とマネジメント層の役割

チームアプローチに基づく職種間連携

介護職／看護職／機能訓練指導員／管理栄養士／相談員／介護支援専門員／利用者

協業・分業・情報共有
ケアマネジメント

マネジメント層の役割
・連携場面（ケアカンファレンスやケース検討会等）の徹底、活性化支援
　→ 情報の偏りを防ぐ
・多職種連携、分業、協業に関わる研修プログラム
　→ 直接的コミュニケーションが日常的には少ない部署間の情報共有（介護部門－栄養、調理部門－事務部門、等）

筆者作成

5 "ひと"を活かす仕組みづくり

1 "ひと"を活かす仕組みとは

　介護経営においてサービスの担い手は人材であり、人的資源の効果的な活用が重要であることは既に述べた。ここでは、そうした人材を活かす仕組みづくりの1つとして、ファミリー・フレンドリー施策やメンタルヘルス対策について解説する。職員がメンタルヘルスにおける問題を抱えて精神的に停滞状況に陥ってしまったり、バーンアウト（燃え尽き症候群）してしまったりすると、仕事での十分な能力発揮はできなくなってしまう。このことはその職員個人だけの問題にとどまらず、現場のチームメンバーにとっても悪影響があるし、経営組織全体から見てもマイナスである。活き活きと働くことが、仕事でよい結果を生むための条件の1つであり、そのために経営組織として、"ひと"を活かす仕組みづくりに取り組むことが求められている。

2 人材を活かすための支援策

　企業において人材を活かすための支援策としてこれまで広く取り組まれており、また社会的にも取り組みが求められているのは、ファミリー・フレンドリー施策、メンタルヘルス対策、バーンアウト対策などである。
　ファミリー・フレンドリー施策とは「家庭生活と仕事の両立を可能とする働き方」を実現するための取り組みである。これまでは産休・育児休業制度や介護休業制度の整備と活用を中心として展開してきたが、この2つの制度にとどまるものではない。小さな子どもがいても安心して働くことができるように事業所内託児所を設置するなど、法人独自の取り組みも見られる。
　メンタルヘルス対策としてこれまで企業では、職員の相談・カウンセリング窓口を設けたり、上司が定期的な面談を実施する体制を整えたりするなど、職員のメンタルヘルス停滞の早期発見を目的とした仕組みづくりが行われている。
　また、バーンアウト対策としては、残業の常態化の回避や労働負荷の適正化の観点から、パートタイマーを補完的に活用するなどして人員配置を厚くするといった取り組みや産業医との連携などが行われている。

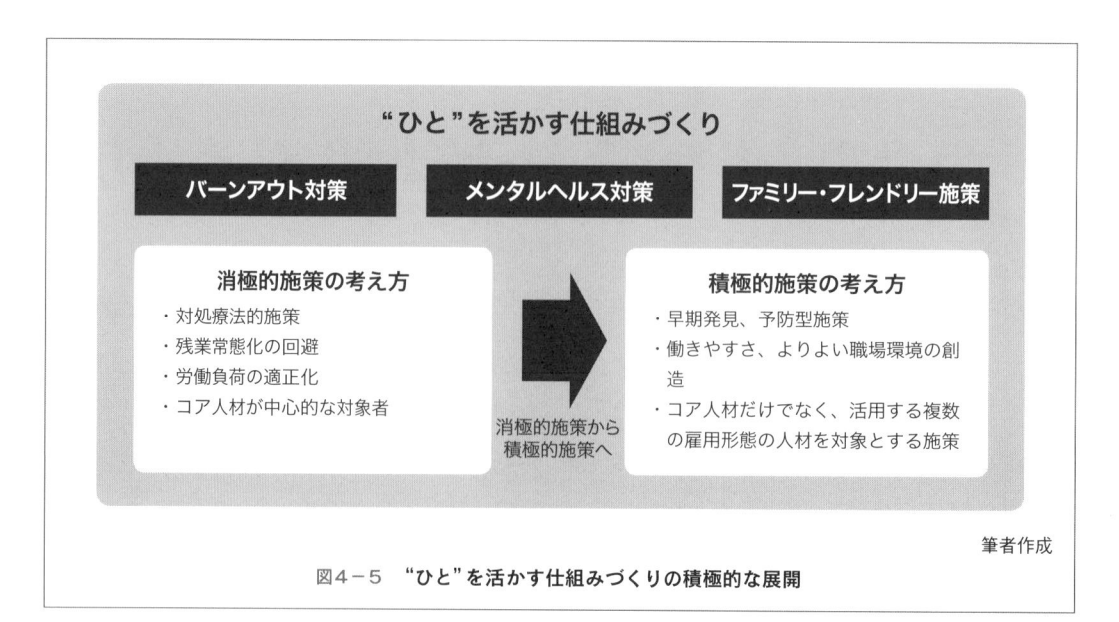

"ひと"を活かす仕組みづくり

バーンアウト対策　メンタルヘルス対策　ファミリー・フレンドリー施策

消極的施策の考え方
・対処療法的施策
・残業常態化の回避
・労働負荷の適正化
・コア人材が中心的な対象者

消極的施策から積極的施策へ →

積極的施策の考え方
・早期発見、予防型施策
・働きやすさ、よりよい職場環境の創造
・コア人材だけでなく、活用する複数の雇用形態の人材を対象とする施策

筆者作成

図4-5　"ひと"を活かす仕組みづくりの積極的な展開

3　支援策整備の現状と課題

　財団法人介護労働安定センターの介護経営におけるメンタルヘルス対策の現状調査（2007＜平成19＞年度）によれば、「定期的に上司との面談の機会を設けている」（45.9％）は半数近いが、「外部の相談機関・専門医と提携して職員に周知している」（13.7％）、「事業所内に相談や悩みの相談窓口・カウンセラー配置等を設け職員に周知」（9.3％）と実施割合が非常に低い状況にある。一方で、今後の支援としてはそれぞれ29.2％、35.4％が実施したいと回答しており、メンタルヘルス対策の重要性は認識されていることがわかる。

　介護経営は、人材確保困難など採用段階で大きな課題を抱えており、その対応に注力している現状もある。また、残業の常態化を緩和し、職員のバーンアウトを防ぐためのパートタイマーの補完的活用といった対策も行われている。しかしながら、こうした対応は起こった問題への対処療法的なものが多く、積極的な支援策を講じる段階には至っていないといえる。

　また、これまでの支援策はあくまでもコア人材を支援対象の中心にしてきたという状況がある。さまざまな支援策を講じる場合に、正規職員とフルタイムで働く嘱託職員を対象として設計し、パートタイマーや臨時職員などの非正規職員はその対象から外れることが多かった。個人の働き方への希望にも対応した雇用ポートフォリオ戦略を策定し、複数の雇用形態の職員を活用していくのであれば、支援策もそれに対応した形で設計される必要がある。

4 今後の方向性

　人材を活かすためのさまざまな支援策は、労働の質を高めるための環境づくりとして構築されるべきである。その意味は、残業を減らすことによって労働負荷を適正化したり、休暇を確実に取れるようにして家庭生活の時間を確保したり、メンタルヘルス停滞者を早期発見したりという消極的な施策にとどまらないということである。

　人材を活かす支援策の最終的な目的は、組織における労働そのものを豊かに魅力的にして、活き活きとした職場・仕事づくりにつなげることなのである。したがって、今後は配置管理や能力開発等の他の人事諸制度との関連を意識したうえで、仕事そのものの魅力とやりがいを高められるような"ひと"を活かす仕組みづくりが求められる。

第5章
介護サービスの戦略

1. 介護サービスの体系化
2. アクティビティの推進
3. チームケアのマネジメント
4. 附帯業務・外部委託の効率化
5. 連携による事業適正化

1 介護サービスの体系化

1 「地域包括ケア」というシステム体系の考え方

　第1章「1節 介護経営におけるイノベーション」で述べたように、サービス組織のイノベーションは持続可能性のあるネットワークの構築とほぼ同義である。介護サービスの体系を考えるにあたり、サービス体系の目的、最適なサービスの流れ、流れに沿った専門人材の役割といった視点が重要になる。

　介護保険給付対象となるサービス類型に対応するサービス体系という考え方に立つと、①予防重視型サービス（新予防給付、地域支援事業）、②施設系サービス、③居住系サービス、④地域密着型サービス（地域包括支援センターを含む）、⑤ケアマネジメント事業、⑥評価・情報公開・苦情解決、⑦すべてを貫く相談支援事業、といった体系の区分けになる。サー

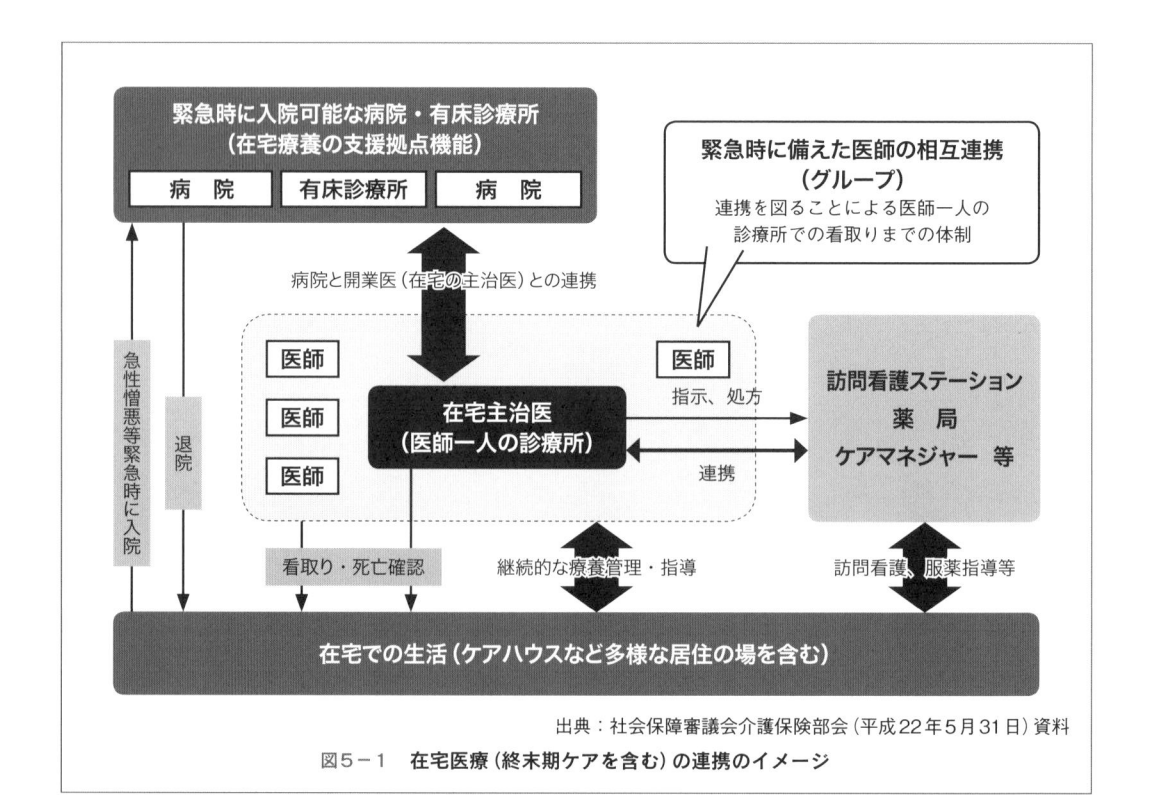

出典：社会保障審議会介護保険部会（平成22年5月31日）資料

図5-1　在宅医療（終末期ケアを含む）の連携のイメージ

ビス体系を給付体系に合わせて構築すれば、書類業務上はやりやすくなる。しかし、サービス利用者に対するサービス継続性・一貫性という面で、利用者側の利便性には欠ける。

サービスの目的という視点に立った体系の創り方も考えられる。例えば、在宅医療の円滑化という目的に沿ったサービス体系の創り方である。図5-1は、終末期ケアを含む在宅医療の連携イメージをよく表している。この図は、医療サイドのサービスを中心に描かれているが、医師一人の診療所であっても、連携によるサービスのネットワーク体系を構築することで、継続的に生活を支え、看取りまで行えることを示している。

2 サービス体系の創り方

この場合、サービス体系の目的は、在宅要介護高齢者への継続的・包括的な支援医療を担保することにある。在宅要介護高齢者の生活の質や幸福感を支えるには、さらに家族や訪問系の介護サービス、移送・入浴サービスなどの力が必要になる。あるいは、成年後見人、信仰のある方であれば僧侶などの力も大きい。医療は、そうした生活の質を支える全体機能連携のうちの重要な要素の1つである。全体連携の中で、どの範囲を担うべきかを前提にした目的の創り方が必要である。

サービスの流れは、「在宅主治医」を中心にすえた病診連携、緊急時対応、栄養・看護・服薬などサポーティブサービスの主治医を核とした調整、などとなっている。主治医の在宅医療に関する専門的知見・判断と、それに連携して共有された目的にむかって自発的に協働するネットワークの構造になっている。

このネットワークにどのような専門人材が組み込まれているかを見ると、図5-1では、医療・介護の現物サービスとその人材の配置に重点が置かれているために、ソーシャルワーカーの相談支援や介護の視点からのモニタリングがそれとして位置付けられていないし、自宅で家族と同居の場合に必要となる家族支援の専門サービス人材も見当たらない。あくまでも医療サービスの流れに限定された人材ネットワークがイメージされている。特に終末期ケアの段階を支えるためのネットワーク図としては、そうした福祉サービスを組み込む必要がある。

3 主要なサービス体系

在宅医療以外にも、目的別サービス体系という考え方に立つと、次のような体系が考えられる。

医療機能の強いものとしては、①維持期リハビリテーションネットワーク、②地域医療連携の医療事業ごとのパスに沿った医療・介護ネットワーク、③退院・自宅復帰を支援するネットワーク、④認知症ケアネットワーク、などがある。

介護サービスや福祉サービス機能の強いものとしては、①介護予防事業ネットワーク、②包括的支援事業ネットワーク、③社会参加促進ネットワーク、④日中の居場所確保支援ネットワーク、⑤高齢者虐待防止ネットワーク、などがある。

例えば、認知症ケアサービスのネットワークでは、目的の置き方は何通りも考えられる。早期診断・鑑別の促進や研修の充実、認知機能や日常生活能力への支援、認知症の方々の社会とのつながりの場の確保など多様であり、それぞれの目標を掲げた地域ネットワークが存在する。さらに認知症については、有病率や段階進行のメカニズムの調査、診療・鑑別ガイドラインづくり、支援的サービス利用の動向に関する調査など、実態把握や開発型研究を伴ったネットワークづくりも重要である。また、認知症に対する社会的理解の促進や地域のボランタリーセクターが参加する支援づくりなども重要で、教育機関における認知症教育の推進や「認知症サポーター」の育成、地域包括支援センターへの認知症連携担当者の配置など、きめ細かなネットワークづくりが求められる。加えて、若年認知症対策では、職場の保健機能の充実や就労支援など、雇用との連携も視野に入る。

4 事業者の内部ネットワーク

介護サービスの体系化は、どのような目標を掲げるかによって何通りもあり得るし、同じ目的を掲げる体系であっても、サービスの流れの組み方は、地域内で連携が可能な専門人材の配置によって異なってくる。重要なことは、誰が、何のために、何を担うか、という意識を鮮明に組み込むことである。

事業者の内部についても、同様のことがいえる。事業者はさまざまな医療・介護などの人材資源を内部に抱えている。通常は、業務上の必要性に沿って雇用され、職務分掌が割り当てられている。その「業務上の必要性」が、クライアントに保証すべきサービス目標に沿って整理されているかどうかが大切である。クリティカルパスは、サービスの流れである。その流れの前提にある目標（換言すれば、クライアントに実現すべき価値）がしっかりと意識されたサービスの流れになっているかどうか、その目標との関連で専門人材の機能に欠落がないか、逆に不要なものがないか、といった観点で、院内サービス・ネットワークの再設計に挑むことが重要である。社会福祉法人についても同様であろう。

2 アクティビティの推進

1　アクティビティという概念

　アクティヴィティ（activity）という概念は、多様な意味を含んでいるが、介護サービスとの関連では、大きく3つに分かれる。

①身体機能から見た行為する能力

　筋肉や神経や認知機能や記憶機能といった身体の働きの点から見た行為する能力のことで、介護サービスから捉えると、そうした行為能力の一部やすべてが失われているために、食事をする、着替えをするなど日常生活の基本行動能力に障害が発生する原因になるものをいう。介護サービスは、本人の行為する能力を補完する役割を担う。

②心の活き活きとした動き

　生きる力は身体的機能や健康のみで促されるわけではない。活き活きとした心の状態、躍動する心の動き、喜怒哀楽を日々の暮らしに感じることのできる感性、生老病死と向き合う心の安堵といったものが、人間の生を支える。一言で「元気」（liveliness）と呼ばれるこうした心の活性を介護サービスから捉えると、臨床芸術やストーリーテリング（自分語り）、つながりや尊重といった、その人の存在性の承認や「らしさ」の表れる場の構築が非常に重要になる。

③目的を達成しようとする活動

　ゲームやエクササイズ、旅など、一定の目的を持ち、それを達成するために計画、実施される活動のことをいう。この意味のアクティビティは、遊び（play）に近い概念である。目的の達成に向けたプロセスには、達成しようとする動機や達成手順の設計、プロセスにおける他者との競争や協働、達成した先の向上心の形成などが含まれている。

2　現在の介護保険制度におけるアクティビティ

　現行の介護保険制度では、地域支援事業の中の介護予防事業において、前述①の意味でのアクティビティに取り組んでいる。介護予防事業導入のきっかけは、介護保険の第1期の経験から廃用症候群対策の重要性が認識されたことにある。特に、廃用症候群は加齢による機能低下を背景にしている場合が多く、定期的な運動に取り組むことで予防可能だと

する専門家のエビデンスも提供されたことから、要介護状態となる恐れのある特定高齢者に対し通所型介護予防事業と訪問型介護予防事業を通じて、運動器の機能向上や栄養改善、口腔機能の向上、閉じこもりやうつ、認知症への対応などを推進するプログラムとして導入された。一般高齢者に対しては、介護予防の啓発や地域資源を用いた介護予防支援などを進めることとされている。

孤立予防や生きがいある生活づくりという目標も掲げられてはいるものの、実際には、身体機能改善プログラムが中心になっており、利用率は著しく低調である。特定高齢者については、通所型介護予防事業参加者に身体機能の向上が見られたとか、通所サービスとの併用により閉じこもり状態に改善が見られるなどの結果も報告されている。しかし、基本的な問題は、なぜ事業参加率が低調なのかにある。

一般に、特定の目的を掲げたプログラムが用意されているが、その参加率が低調である場合の原因として、潜在的参加者の必要性にプログラム内容が即していないから魅力がない場合と、参加はしたいが実際に自分が参加してやれるのかわからないことで躊躇する場合とが想定される。特に、身体機能の向上に関するプログラムでは、本人の参加意思が重要だから、プログラムの内容が自分の必要性を満たすものであるかどうかが「見える」ことが重要になる。同じようなカテゴリーに属する高齢者のみを集めたプログラムであり、横並びで実施されることに抵抗があるとか、3か月プログラムの制約から継続性の担保が難しいことが予測できてしまうとか、どのような運動メニューやインストラクトを受けられるのか言葉で説明されただけでは実感がわかないなど、プログラムそのものの「見える」化に問題があるという指摘も、実施者である地域包括支援センターの職員からは聞こえてくる。すべて、情報の非対称や公開性の不足に原因がある。

これを改善するには、相談に訪れた高齢者に、その場でプログラムの映像を見てもらい、活き活きとした実感をつかんでやる気を引き出す工夫や、歩行姿勢やバランスの測定などと組み合わせた改善ゲーム感覚での取り組みを促す工夫といった、前述の②や③のアクティビティの概念を導入した方法も有効である。

あるいは、すでに各地で取り組まれているが、プログラムを卒業した方々の自主グループをNPO化し、若者の参加や若者と協働した自主的なプログラム開発などと一体で進めるのも有効である。インストラクターやエクササイズ・リーダーの養成を受けた若者たちに、地域就労を通じて能力を活かす場の提供にもつながる。

3 認知症高齢者への「前向きな働きかけ」

介護サービスとの関連では、認知症高齢者のアクティビティ向上は常に大きな課題である。表5-1は、ポジティブ・パーソン・ワークと呼ばれる働きかけの体系をまとめたものである。

表5-1　ポジティブ・パーソン・ワークの体系

①認めること	認知症の人が人として認められ、名前で呼ばれ、かけがえのない存在として肯定されること。挨拶の仕方や長時間注意深く話を聞くときに達成される。認めることには言葉は必要ない。その人を認める最も深遠な行為はまなざしをかわすことである。
②交渉	認知症の人を他人の都合に従わせるのではなく、本人の好みや、望みや、ニーズを聞くこと。本人が起きたいかどうかといった日常生活のことについて多くの交渉が行われる。
③共同	例えば一緒に家事をするようなこと。共同の特徴は、手伝ってあげるというものではない。認知症の人の自発性と能力が関わる1つの過程である。
④遊び	仕事はある目的のために行うが、遊びは純粋に活動自体が目的になる。自発的行為であり、自己を表現することであり、それ自体価値を持つ経験である。
⑤ティマレーション	アロマテラピーやマッサージを通して行われる相互行為。接触、安心、喜びを与える一方、ほとんど要求しない。
⑥お祝い	特別な行事を指すのではなく、人生が本質的に喜びに満ちていると感じるあらゆる時のこと。祝うことは、介護者と介護される人の間の区別が完全に消え始める相互行為の形態である。
⑦リラクゼーション	多くの認知症の人は、強い社会的ニーズを持っている場合、他人が近くにいる時や、実際に身体にふれている時、リラックスすることができる。
⑧バリデーション	その人の経験の現実と力を受け入れること、主観的真実を受け入れること。その人の情動や感情の現実を認め、感情の水準で応えること。
⑨抱えること（ホウルディング）	安全な心理的空間、「容器」を与えること。
⑩ファシリテーション	本人の行為のうち、失われた部分だけを援助することで、援助がなければできなかったことをできるようにすること。「③共同」につながっていく。

高橋誠一著『認知症のパーソンセンタードケア』2009年を参考に菅原尚美（東北福祉大学看護学科助手）が作成

　これは、前述①～③のアクティビティ概念をすべて取り込んだ働きかけの要素を示している。あくまでも要素項目であって、具体的な働きかけのプログラムは、すでに取り組まれ有効性が確認されている臨床美術や、玩具を用いたゲームなど、さまざまな工夫が考えられる。

3 チームケアのマネジメント

1 チームケアでの有名な事例

　高齢者ケアにおけるチームケアアプローチの必要性、重要性を共有し、成功させた例としては、アメリカミシガン大学ターナー老人医療クリニックの例が有名である。その中心的存在である同大学ルース・キャンベルは、著書『高齢者ケアはチームで』の中で「チームとは、共通の目標を達成するために一緒に仕事をする人たちのグループ」と定義し、精神的、身体的、社会的、情緒的な問題に対して、医師や看護師、介護職等がチームとしてその問題に取り組むことにより、より包括的な評価、治療、ケアが可能になると述べている[1]。

2 他職種から多職種へ

　従来、制度上異なった保健・医療・福祉のサービス体系のもとでは、専門性に伴う価値観や視点の相違から、単独に「他分野他職種のサービス」が提供される傾向にあった。しかし一人ひとりの多様な生活課題とニーズ把握は、生活全体を総合的に捉えることにより意味を成す。これは決して専門性を否定するのではなく、専門性を前提としてそこで明らかになった課題の相関性、統一性等をもとにサービスの統合調整が行われなければならないということである。つまり多分野多職種が連携した「チームケア」が必要である。
　そして介護保険制度では、介護支援専門員が多分野多職種から成るケアチームを編成、調整する役割を担う。

3 高まるチームケアの重要性

　2006（平成18）年の介護保険法一部改正により、通所リハビリテーションサービス、訪問リハビリテーションサービス、介護老人保健施設サービス、介護療養型医療施設サービスにおいて、「リハビリテーションマネジメント加算[2]」が創設された。また2009（平成21）年の介護報酬一部改正により、介護保険施設サービスにおいて、「ターミナルケア加算[3]」

---

[1]　黒田輝政他著『高齢者ケアはチームで』、ミネルヴァ書房、pp.8-9、1994年。

が創設された。これらを算定する要件としては、医師、看護師、介護職員、生活相談員等さまざまな専門職が協働し、提供されるべきものであると規定されている。

これらの加算の創設からもわかるように、利用者の年齢、障害、ニーズや問題等が複雑化、混在化、多様化する中で、機能改善や悪化防止、あるいはその人らしさを尊重した看取りを達成するうえで、多職種が協働することが必須となっている。そして多職種協働によって効果的なサービスケアを実践するうえでは、それらをマネジメントする介護支援専門員の役割は非常に大きい。

4 効果的、継続的なチームケアをマネジメントするために必要な能力

介護サービスは専門職の集合体であり、サービス場面における利用者の状態の変化について、各々が持つ専門的視点から、「気付き」を共有化することにより、統一されたサービスが決定される。

また各専門職は、自体の機能性や専門性を持って主訴に対応する。そのうえで、とりわけ利用者の主訴の内容が介護や医療等多面的で複雑である場合には、さらなる連携の強化が図られる。必然的に、そこには主訴に対応するためのチーム力の強化が不可欠であり、その場面において介護支援専門員は、中心的な存在としてチームを組織化する役割を担う。

さらに、サービスを調整、見直しする場面においても、専門職各々の能力を再評価し、利用者（家族）の状況に応じて、さらなる効果的なサービスが実施できるための能力を集結、組織化し、それらの連携を強化させることが求められる。

つまり、介護支援専門員が効果的なチームケアのマネジメントを継続するということは、医師、看護師、介護職、栄養士、理学（作業）療法士との連携、調整、そして各々が持つ

＊2　2006（平成18）年の介護保険法一部改正により、下記の基準に適合した場合について、通所リハビリテーションサービス（20単位/1日）、訪問リハビリテーションサービス（20単位/1日）、介護老人保健施設サービス（5単位/1日）、介護療養施設サービス（25単位/1日）において、リハビリテーションマネジメント加算が創設された。
①医師、理学療法士、作業療法士、言語聴覚士その他の職種の者が協働して、利用者ごとのリハビリテーション実施計画を作成していること。
②利用者ごとのリハビリテーション実施計画に従い医師又は医師の指示を受けた理学療法士、作業療法士又は言語聴覚士がリハビリテーションを行っているとともに、入所者の状態を定期的に記録していること。
③利用者ごとのリハビリテーション実施計画の進捗状況を定期的に評価し、必要に応じて当該計画を見直していること。
④リハビリテーションを行う医師、理学療法士、作業療法士又は言語聴覚士が、看護職員、介護職員その他の職種の者に対し、リハビリテーションの観点から、日常生活上の留意点、介護の工夫等の情報を伝達していること。
　例えば、川上雪彦『介護報酬の解釈1　単位数表編』、社会保険研究所、2009年に詳しい。
＊3　2006（平成18）年の介護保険法一部改正により、下記の基準に適合した場合について、介護老人保健施設サービスにおいて、ターミナルケア加算（死亡日以前15日以上30日以下：200単位/1日、死亡日以前14日：315単位/1日）が創設された。
①医師が一般的に認められている医学的知見に基づき回復の見込みがないと診断した者であること。
②入所者又はその家族等の同意を得て、入所者のターミナルケアに係る計画が作成されていること。
③医師、看護師、介護職員が協働して、入所者の状態又は家族の求め等に応じ随時、本人又はその家族への説明を行い、同意を得てターミナルケアが行われていること。
　例えば、川上雪彦『介護報酬の解釈1　単位数表編』、社会保険研究所、2009年に詳しい。

第5章　介護サービスの戦略

専門性や特性を常に評価しながら、チーム全体を運営する能力が必要であると考えられる。

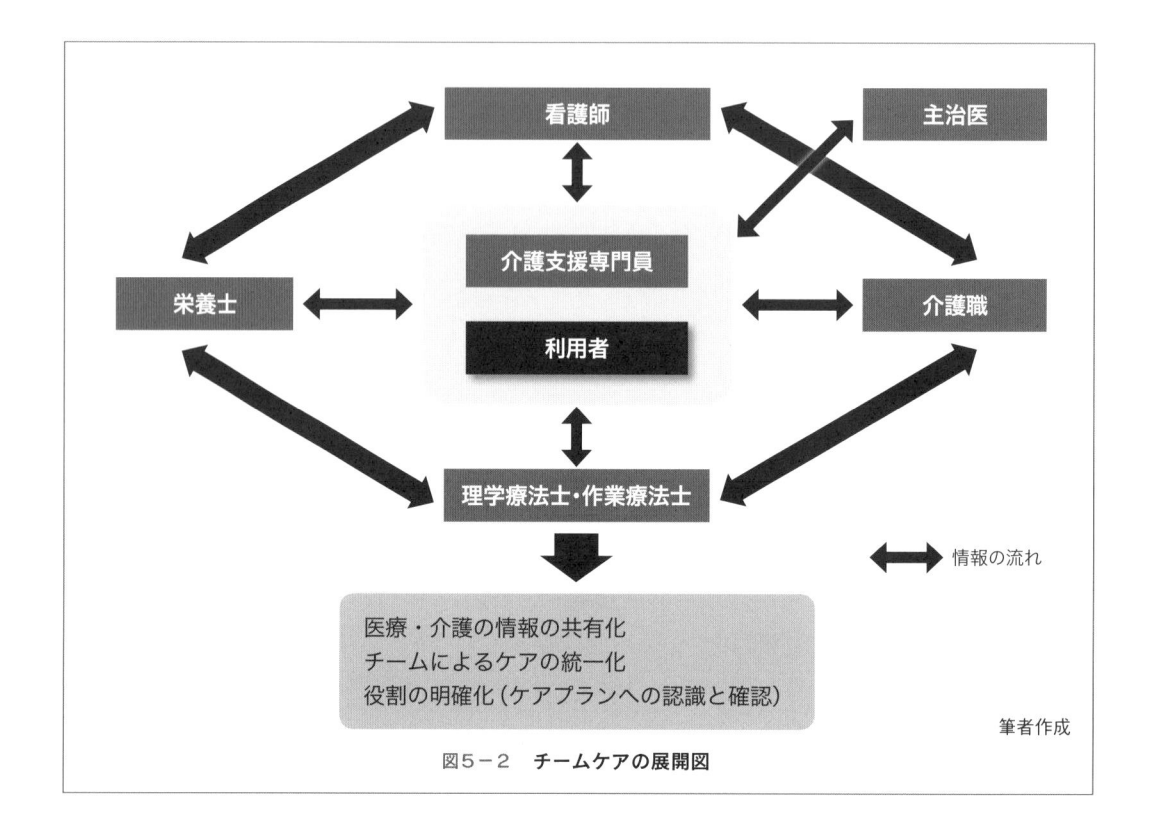

図5-2　チームケアの展開図

（中心）介護支援専門員／利用者
（周囲）看護師、主治医、介護職、理学療法士・作業療法士、栄養士
↔ 情報の流れ

- 医療・介護の情報の共有化
- チームによるケアの統一化
- 役割の明確化（ケアプランへの認識と確認）

筆者作成

④ 附帯業務・外部委託の効率化

1　医療法人の附帯業務

　医療法人の業務範囲には、病院、診療所または介護老人保健施設という本来業務に加えて、附帯業務、収益業務、付随業務の4種がある。本節のテーマである附帯業務は、本来業務に支障のない限りにおいて定款等に定めたうえで行うことが許されており、委託することや附帯業務のみを行うことは認められていない。

　現在の附帯業務の具体的な内容は「医療法人の附帯業務について」（2007＜平成19＞年3月31日医政発第0330053号）の別表（表5－2）の通りであるが、近年、附帯業務の範囲が段階的に拡大されてきている。2004（平成16）年4月に「介護予防・地域支え合い事業の一部等」が附帯業務として実施することが認められ、次いで2005（平成17）年4月に「在宅介護にかかる事業と一体の有償移送行為」、2006（平成18）年4月に「第二種社会福祉事業の一部等」が認められた。そして、2007（平成19）年4月には「ケアハウスの設置および開設主体が限定されているものを除くすべての事業の実施等」が認められた。こうした動きは地域包括ケア・システムの構築が重要な課題となる中で、地域における医療サービスの担い手である医療法人が、福祉サービスや住宅サービスの領域も含めて必要なケアを切れ目なく提供できるようにするという政策的な目的に基づいたものである。

表5－2　医療法人の附帯業務について

（別　表）

医療法人の附帯業務について

　医療法人は、その開設する病院、診療所又は介護老人保健施設の業務に支障のない限り、定款又は寄附行為の定めるところにより、次に掲げる業務の全部又は一部を行うことができる。（医療法第42条各号）
　なお、附帯業務を委託すること、又は本来業務を行わず、附帯業務のみを行うことは医療法人の運営として不適当であること。

医療法第42条

第1号　医療関係者の養成又は再教育
・看護師、理学療法士、作業療法士、柔道整復師、あん摩マッサージ指圧師、はり師、きゅう師その他医療関係者の養成所の経営。
・後継者等に学費を援助し大学(医学部)等で学ばせることは医療関係者の養成とはならないこと。
・医師、看護師等の再研修を行うこと。

第5章 介護サービスの戦略

第2号 医学又は歯学に関する研究所の設置
・研究所の設置の目的が定款等に規定する医療法人の目的の範囲を逸脱するものではないこと。

第3号 医療法第39条第1項に規定する診療所以外の診療所の開設
・巡回診療所、医師又は歯科医師が常時勤務していない診療所（例えば、へき地診療所）等を経営すること。

第4号 疾病予防のために有酸素運動（継続的に酸素を摂取して全身持久力に関する生理機能の維持又は回復のために行う身体の運動をいう。）を行わせる施設であって、診療所が附置され、かつ、その職員、設備及び運営方法が厚生労働大臣の定める基準に適合するものの設置（疾病予防運動施設）
・附置される診療所については、
①診療所について、医療法第12条の規定による管理免除又は2か所管理の許可は原則として与えないこと。
②診療所と疾病予防運動施設の名称は、紛らわしくないよう、別のものを用いること。
③既設の病院又は診療所と同一の敷地内又は隣接した敷地に疾病予防運動施設を設ける場合にあっては、当該病院又は診療所が疾病予防運動施設の利用者に対する適切な医学的管理を行うことにより、新たに診療所を設けなくともよいこと。
※「厚生労働大臣の定める基準」については、平成4年7月1日厚生省告示第186号を参照すること。

第5号 疾病予防のために温泉を利用させる施設であって、有酸素運動を行う場所を有し、かつ、その職員、設備及び運営方法が厚生労働大臣の定める基準に適合するものの設置（疾病予防温泉利用施設）
・温泉とは温泉法（昭和23年法律125号）第2条第1項に規定するものであること。
・疾病予防のために温泉を利用させる施設と提携する医療機関は、施設の利用者の健康状態の把握、救急時等の医学的処置等を行うことのできる体制になければならないこと。
※「厚生労働大臣の定める基準」については、平成4年7月1日厚生省告示第186号を参照すること。

第6号 保健衛生に関する業務
・保健衛生上の観点から行政庁が行う規制の対象となる業務の全てをいうのではなく、直接国民の保健衛生の向上を主たる目的として行われる以下の業務であること。
①薬局
②施術所（あん摩マツサージ指圧師、はり師、きゆう師等に関する法律、柔道整復師法に規定するもの。）
③衛生検査所（臨床検査技師、衛生検査技師等に関する法律に規定するもの。）
④介護福祉士養成施設（社会福祉士及び介護福祉士法に規定するもの。）
⑤ホームヘルパー養成研修事業（地方公共団体の指定を受けて実施するもの。）
⑥難病患者等居宅生活支援事業（地方公共団体の委託を受けて実施するもの。）
⑦乳幼児健康支援一時預かり事業（地方公共団体の委託を受けて実施するもの。）
⑧介護保険法に規定する訪問介護、通所介護、通所リハビリテーション、短期入所生活介護、短期入所療養介護、認知症対応型通所介護、小規模多機能型居宅介護、介護予防訪問介護、介護予防通所介護、介護予防通所リハビリテーション、介護予防短期入所生活介護、介護予防短期入所療養介護、介護予防認知症対応型通所介護又は介護予防小規模多機能型居宅介護若しくは障害者自立支援法にいう障害福祉サービス事業、相談支援事業、移動支援事業、地域活動支援センター又は福祉ホームにおける事業と連続して、又は一体としてなされる有償移送行為であって次に掲げるもの。
　ア 道路運送法（昭和26年法律第183号）第4条第1項の規定による一般旅客自動車運送事業
　イ 道路運送法第43条第1項の規定による特定旅客自動車運送事業
　ウ 道路運送法第78条第3号又は第79条の規定による自家用有償旅客運送等
　※介護保険サービス、障害福祉サービスとの関連性が求められ、保険給付の対象とはならず実費徴収の対象となる業務であること。例えば、「乗降介助」の際の移送事業部分の実費徴収、通所サービス等における遠隔地からの送迎費の実費徴収などについて、道路運送法の規定により許可を得て行う業務であること。
　※道路運送法の許可を得ずに介護保険サービス又は障害福祉サービスの対象となる移送事業を行うことはできないこと。
　※いわゆる「介護タクシー」のように旅行や買い物といった介護保険サービス、障害福祉サービスとの関連性を有しない業務は当該有償移送行為に該当せず、医療法人の附帯業務ではないこと。
⑨介護保険法にいう居宅サービス事業、居宅介護支援事業、介護予防サービス事業、介護予防支援事業、地域密着型サービス事業、地域支援事業及び保健福祉事業のうち、別添において「保健衛生に関する業務」とするもの。
⑩助産所（改正法第2条に規定するもの。）
⑪歯科技工所（歯科技工士法に規定するもの。）
⑫福祉用具専門相談員指定講習（介護保険法施行令に規定するもの。）

第7号 社会福祉法第2条第2項及び第3項に掲げる事業のうち厚生労働大臣が定めるものの実施
※平成19年3月30日厚生労働省告示第93号及び本通知の別添を参照すること。
※就学前の子どもに関する教育、保育等の総合的な提供の推進に関する法律（平成18年法律第77号）第3条第

附帯業務・外部委託の効率化 ❹

1項第2号の認定こども園（ただし、保育所型のみ。）の運営は、上記告示の第1に包括されること。
第8号　有料老人ホームの設置（老人福祉法に規定するもの。）

留意事項
1．役職員への金銭等の貸付は、附帯業務ではなく福利厚生として行うこと。この場合、全役職員を対象とした貸付に関する内部規定を設けること。
2．第7号については、社会医療法人のみに認められるものがあること。
3．定款等の変更認可申請とは別に、個別法で定められた所定の手続（許認可、届出等）を要する場合があること。この場合、個別法の手続の前に定款等の変更認可申請をする必要があるが、手続を並行して行う場合は、各手続の進捗状況に伴い、定款等の変更認可日が後れることは、やむを得ないこと。

2　附帯業務の法人における位置付け

　附帯業務はあくまでも本来業務があって展開されることが原則であるが、その展開のされ方には法人の考え方によってさまざまなバリエーションがある。あくまでも本来業務を中心に置き、それを補完する事業としての「附帯業務」として位置付けている法人もあれば、例えば地域へのリハビリテーションサービスの多様な展開という観点から多くのサービスメニューを事業展開するといったように、患者（利用者）の視点から法人事業の主力サービスとして「附帯業務」を位置付け、比較的大きく多様に展開するケースもある。いずれにせよ、事業展開する地域のニーズに合わせることが重要であるが、その一方で、医療・福祉・介護サービスを複合的に展開する法人として、どのような地域包括ケアの考え方を中心に置いて地域を支えていくかという法人の理念と戦略に基づいた附帯業務の展開が求められる。

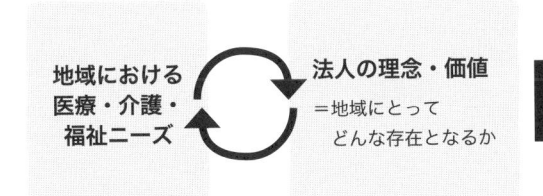

地域における
医療・介護・
福祉ニーズ　⇄　法人の理念・価値
＝地域にとって
どんな存在となるか　→　**各種附帯事業の戦略的展開**
・法人の"価値"に基づいた附帯業務（サービス）の多面的な展開
・地域ニーズに対応する附帯業務（サービス）の量的展開

筆者作成

図5-3　地域のニーズと法人の"価値"を中心に置いた附帯業務の展開

3　外部委託

　本節のもう1つのテーマとなっている外部委託については、本来業務および附帯業務に共通するものである。本来業務であっても附帯業務であっても、その事業全体を外部委託することは認められないのは当然であるが、その一部を外部に委託することは考えられる。

一般的には、食事(調理)関係やリネン関係、清掃・消毒関係や産業廃棄物関係といった業務が外部委託されることが多い。また、派遣人材の活用についても、外部委託である。こうして考えてみると、患者・利用者に直接関わる領域から環境整備や維持の領域まで、比較的広い範囲で外部委託が活用されていることがわかる。

外部委託活用の理由については、コスト面での効率性と専門的免許や資格の関わる業務であることなどがあげられる。医療廃棄物や産業廃棄物の処理などは専門的な免許や設備および人材が関わってくるものであり、法人で行うことは考えられないだろう。一方で、食事や清掃、派遣人材といった部分については、外部委託するケースと委託しないケースとに分かれている。

4 組織の価値から導く外部委託活用による効率化の考え方

外部委託を活用する方がコスト面から見て効率的だからといって、すぐに外部委託とする判断は好ましくない。まずは、地域の医療・介護・福祉ニーズがどのようなところにあり、それに対して法人はどのような存在になるのかという観点から、組織の実施事業におけるコア業務を確定することが必要である。そのうえで、事業のどの部分を外部委託するのか、すなわち法人から切り離すのかを考える。実施事業は多いものの、広範囲のコア業務が外部委託で行われていたのでは、いくら魅力的な法人理念があっても、顧客(患者、利用者、市民)から見た場合、法人独自のサービス提供がなされていると感じることはできないであろう。こうした観点から、人材の外部化は、法人の価値をどのように考えているのかという重要な問題に関わることであり、安易に推進されるべきではない。

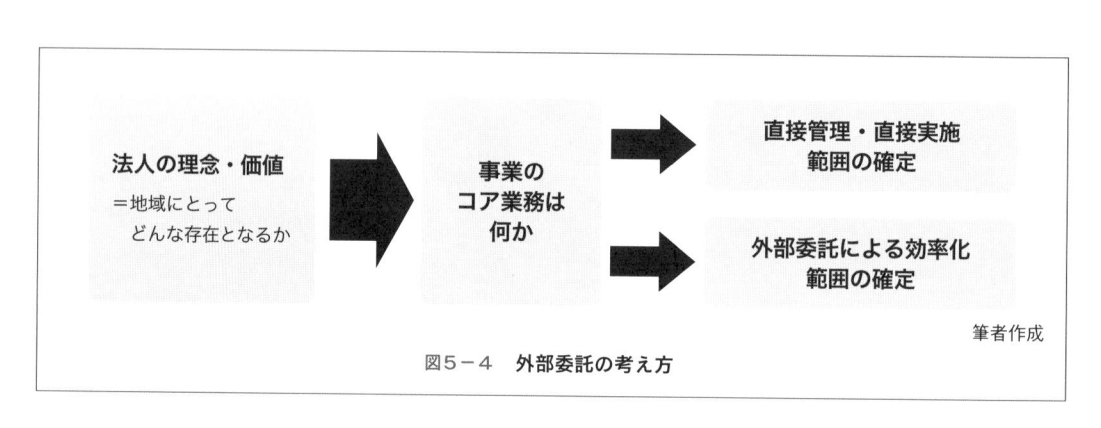

法人の理念・価値
＝地域にとって
どんな存在となるか
　→　事業の
コア業務は
何か
　→　直接管理・直接実施
範囲の確定
　　　外部委託による効率化
範囲の確定

筆者作成

図5-4　外部委託の考え方

5 連携による事業適正化

1 連携による事業適正化

「連携」とは「互いに連絡を取り合って物事を行うこと」と定義されている[*1]。連携というと、異なる領域の専門家が1つの目的または目標達成を目指して協力していることを指している場合が多い。特に、医療・介護・福祉分野では、事業が対象とする領域が非常に広く多様性があり、また複雑であるために、事業運営を行っていくためには、過不足なく医療・介護・福祉の専門家が連携していく必要がある。

しかし、その一方で、対象領域が非常に広域であることは、「適正化すべきものは何か」という問いに対する明確な解を設定し、それを実現する戦略を取ることが必要となる。

本節では、適正化されるべきものを「利用者の価値である『健康の向上』」[*2]として捉え、その最大化のためにどのような組織連携が必要なのかを論じていく。

2 現状の課題

事業適正化のために、戦略的な連携を行っていくうえで留意すべき点は、医療・介護・福祉分野の事業範囲があまりに広い点、またそれとは対照的に、各サービスの内容は狭い点である。

後者に関しては、例えば病院は内科、外科、放射線科など専門診療科で構成されている。しかしこの分け方は、利用者の需要に合っていない場合がある。真に利用者の求めている価値とは「健康の向上」であり、単に病気を治療することだけではないからである。すなわち利用者にとっての価値は、早期発見、治療、リハビリテーション、長期的な管理、モニタリング、再発リスクの回避など、全体をサイクルとして包括的に考慮されることで向上する。しかし前述の区分は、それぞれが専門とする病気を治療するための部署であって、包括的なサイクルを提供しているわけではないので、「健康の向上」という観点では、必要条件は満たすが十分条件は満たしていない。

一方で、前者に関しては、対象の範囲があまりに広く多様性があることは明らかである

[*1] 『広辞苑』、岩波書店。
[*2] Michel E. Porter: Redefining Health Care: Creating Value-based Competition on Results, Harvard Business School Pr, 2006.

ことから、戦略的な事業の選択が重要になってくる。特に、ワン・ストップ・ショップを目指す傾向にある事業者は、取るべき戦略を慎重に選択しなければならない。その理由は、利用者すべてに対応しようとすることで、経験豊富な人員に比べて利用者が少なくなってしまい、人材資源が有効に分配されなくなる可能性があるからだ。

3 連携の目的・取るべき戦略──職能別組織から事業部別組織へ

　医療・介護・福祉事業における価値とは、利用者の「健康の向上」である。その目標達成を行うことが事業であり、連携はそのための手段でなければならない。

　職能別組織[*3]とは、伝統的な専門分野(例えば内科、外科、循環器科など)を反映した部門が共有施設(例えば手術室、検査室、集中治療室など)に配置されるものである。このような組織は、「業務範囲が細分化、専門化されている」、「従業員は個々の業務分野の専門家となる」、「意思決定権限がユニット内の上位管理者に集中しやすい」などの特徴を持つ供給側主導の構造であり、変化の小さい環境において集権的統率による効率性を武器に強さを発揮する。

　一方、事業部別組織とは、製品、市場、顧客などが生み出すアウトプットあるいはターゲット別にグループ化、チーム化した組織形態をいう。この事業部の構造は、市場や顧客を中心として組織され、全責任を負うマネジャーのもとで、ターゲットに対応した専門スキルと施設が集められる。このような組織は、「一事業部内で業務プロセスが完結する」、「意思決定権限を事業部ごとに委譲している」、「事業部を統括する本社機能がある」などである。

　課題として「全体的な意思決定、ベクトル合わせが難しい」などの特徴があり、各事業部内の組織の柔軟性を武器に、変化が早い環境において強さを発揮する。また、1つの企業の中で、一人がいくつもの事業部に所属する場合もあるので、マトリックス組織とも呼ばれる。

　利用者の状態が日々変化するような医療・介護・福祉事業では、明らかに後者の方が優利であると考えられる。利用者の価値である「健康の向上」をベクトルの焦点として、医療・介護・福祉が病態に対して包括的サイクルを提供できるよう事業部を組織し、利用者価値のアウトプットのフィードバックを事業者が受けることで、事業部は現状の利用者価値を知り、その向上のために新たな専門家を加えるなどして事業部のイノベーションを行っていく。このサイクルの繰り返しによって、利用者価値に対して関連性の低いものはアウトソーシングにしてコストを抑えるなどしながら、事業者が差別化されていくことによって事業者の優位性が生じていくことになるだろう。

＊3　例えば、Duncan J. Watts: Small Worlds: The Dynamics of Networks Between Order and Randomness, Princeton Univ Pr, 2003、大内 東、川村秀憲、山本雅人『マルチエージェントシステムの基礎と応用──複雑系工学の計算パラダイム』、コロナ社、2002年。

連携による事業適正化 5

　現在、医療・介護・福祉事業は、それぞれの中で事業部別組織をつくり、チームを構成するようになってきているが、今後はさらに、利用者の価値である「健康の向上」をターゲットとして、医療・介護・福祉という枠を越えた包括的なサイクルを提供する連携が必要になってくると考えられる。それらをマネジメントする介護支援専門員の職務は、これからますます大きくなっていくであろう。

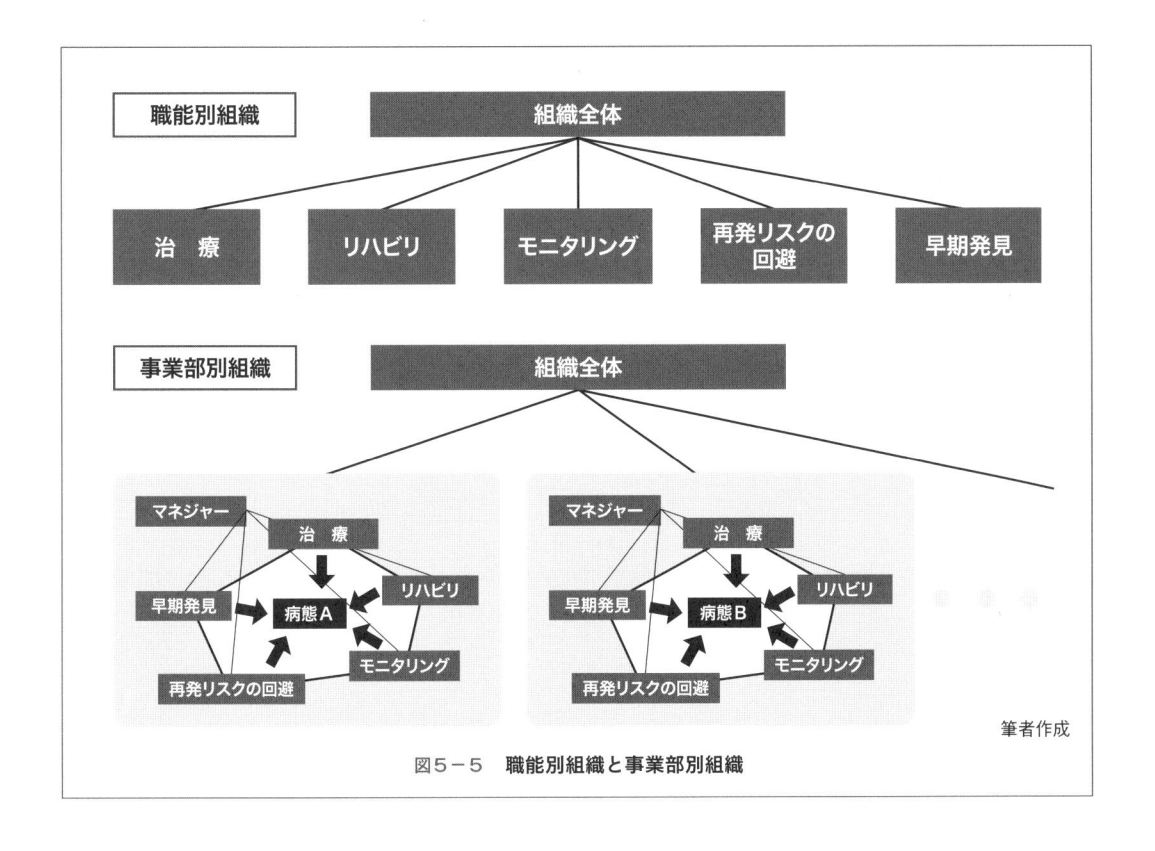

図5-5　職能別組織と事業部別組織

筆者作成

参考文献

第2章4節

小笠原浩一・島津望著『地域医療・介護のネットワーク構想』、千倉書房、2007年

地域包括ケア研究会(平成20年度老人保健健康増進事業)「地域包括ケア研究会報告書——今後の検討のための論点整理」、2009年5月

第3章2節

社団法人日本作業療法士協会「作業療法5カ年戦略(2008-2012)」、2009年

社会保障国民会議「社会保障国民会議第二分科会(サービス保障<医療・介護・福祉>)中間とりまとめ」、2009年
http://www.kantei.go.jp/jp/singi/syakaihosyoukokuminkaigi/chukan/siryou_4.pdf

第3章3節

社団法人日本作業療法士協会「作業療法5カ年戦略(2008-2012)」、2009年

社団法人日本作業療法士協会「平成21年度老人保健推進等事業　自立支援に向けた包括マネジメントによる総合的なサービスモデルの調査研究『人は作業をすることで健康になれる』——人と環境と作業から——テキスト報告書」、2010年

土井勝幸「平成22年度第1回全国訪問リハビリテーション振興会会議資料」、2010年

第3章4節

社会保障国民会議「社会保障国民会議第二分科会(サービス保障<医療・介護・福祉>)中間とりまとめ」、2009年
http://www.kantei.go.jp/jp/singi/syakaihosyoukokuminkaigi/chukan/siryou_4.pdf

第4章1節

佐藤博樹編著『叢書・働くということ④　人事マネジメント』ミネルヴァ書房、2009年

財団法人介護労働安定センター・社団法人全国老人保健施設協会「介護職員キャリアアップシステム導入マニュアル」、2009年3月

厚生労働省職業安定局「介護分野における雇用管理モデル検討会(施設系)報告書」、2009年7月

第4章2節

新・日本的経営システム等研究プロジェクト編『新時代の「日本的経営」：挑戦すべき方向とその具体策』、日本経営者団体連盟、1995年

今野浩一郎・佐藤博樹編『人事管理入門』、日本経済新聞社、2002年

第4章3節

厚生労働省職業安定局「介護分野における雇用管理モデル検討会（施設系）報告書」、2009年7月

小笠原浩一他「厚生労働科学研究費補助金（政策科学推進研究事業）介護関連分野における雇用・能力開発指針の策定に係わる研究　平成14年度報告書」、2003年

第4章4節

東北福祉大学認知症ケア看護・介護統合化研究会（研究代表：小笠原浩一）「高年齢障害者ケアにおける看護技能と介護技能の統合化に関する実証的研究（財団法人みずほ教育福祉財団研究助成　平成19－21年度）最終年度報告書」、2010年3月

第4章5節

厚生労働省職業安定局「介護分野における雇用管理モデル検討会（施設系）報告書――事例集編」、2009年7月

今野浩一郎・佐藤博樹編『人事管理入門』、日本経済新聞社、2002年

第5章4節

厚生労働省「医療法人の附帯業務の拡大について」、医政発第0331001号、2009年3月31日

著者紹介

小笠原　浩一（おがさわら・こういち）
東北福祉大学大学院 総合福祉学研究科 教授／ラウレア応用科学大学（フィンランド）国際諮問委員・研究フェロー

1985年、東京大学大学院経済学研究科博士課程修了、経済学博士。埼玉大学経済学部助教授、同教授を経て、2005年より現職。この間、日本学術振興会特定国派遣研究者（Cardiff Business School, University of Wales）、タイ王国チュラロンコーン大学大学院労働・人的資源管理国際コース招聘教授など。現在、日本介護経営学会副理事長、社会政策学会幹事、専門介護福祉士認定に関する研究会（介養協）委員など。
主著に、Refurbishing Elderly Care（Helena Erjantiと共編著、Laurea Publications、2009年）、『地域医療・介護のネットワーク構想』（島津望と共著、千倉書房、2007年）、『社会福祉政策研究の課題』（平野方紹と共著、中央法規出版、2004年）など。

遠藤　忠宣（えんどう・ただのぶ）
株式会社インテリジェント・コスモス研究機構 広域仙台地域知的クラスター事業推進室事業化コーディネーター／主任介護支援専門員

2005年、東北福祉大学大学院総合福祉学研究科修士課程修了、社会福祉学修士。社会福祉法人麗沢会特別養護老人ホームれいたく苑介助員・生活指導員を経て、医療法人社団東北福祉会介護老人保健施設せんだんの丘ケアワーカー・支援相談員。現在、現職に出向中。
主著に、「介護支援専門員のケアマネジメントプロセスと職務遂行能力の一考察―介護支援専門員の職務内容の実態から―」（東北福祉大学修士論文、2005年）、「ケアマネジメント過程における多職種協働の必要性について」（みずほ教育福祉財団助成研究、『高年齢障害者ケアにおける看護技能と介護技能の統合化に関する実証的研究最終報告書』、2009年）など。

工藤　健一（くどう・けんいち）
東北福祉大学 総合福祉学部 専任講師

2001年、埼玉大学大学院経済科学研究科修士課程修了、経済学修士。2009年、一橋大学大学院社会学研究科博士後期課程単位取得退学。社会福祉法人心愛会法人本部副本部長、同本部長を経て、2009年4月より現職。
主著に、「八幡製鉄における『内部労働市場戦略としての職務』決定―1962年の職務分析および職務評価制度の導入に即して―」（『社会科学論集』、第107号、2002年）、「施設介護職の仕事と能力」（小笠原浩一他、『介護関連分野における雇用・能力開発指針の策定に係わる研究 平成13年度報告書』、2002年）。

岩田　一樹（いわた・かずき）
東北福祉大学 知的クラスター推進室 助教

2003年、東北大学理学部卒業。2008年3月、京都大学理学研究科博士後期課程単位取得退学、理学修士。

工藤　千賀子（くどう・ちかこ）
社会福祉法人こごた福祉会養護老人ホームひばり園生活相談員

2001年、埼玉大学経済学部経済学科卒業。2005年、東京大学大学院人文社会系研究科社会文化研究専攻修了、社会学修士。

『医療経営士テキストシリーズ』　総監修

川渕　孝一（かわぶち・こういち）
1959年生まれ。1983年、一橋大学商学部卒業後、民間病院を経て、1986年、シカゴ大学経営大学院でMBA取得。国立医療・病院管理研究所、国立社会保障・人口問題研究所勤務、日本福祉大学経済学部教授、日医総研主席研究員、経済産業研究所ファカルティ・フェローなどを経て、現在、東京医科歯科大学大学院教授。主な研究テーマは医療経営、医療経済、医療政策など。『第五次医療法改正のポイントと対応戦略60』『病院の品格』（いずれも日本医療企画）、『医療再生は可能か』（筑摩書房）、『医療改革～痛みを感じない制度設計を～』（東洋経済新報社）など著書多数。

医療経営士●上級テキスト13

介護経営──介護事業成功への道しるべ

2010年9月25日　初版第1刷発行

編　　著　小笠原　浩一
発 行 人　林　　　諄
発 行 所　株式会社 日本医療企画
　　　　　〒101-0033　東京都千代田区神田岩本町4-14　神田平成ビル
　　　　　TEL 03-3256-2861（代）　http://www.jmp.co.jp
　　　　　「医療経営士」専用ページ　http://www.jmp.co.jp/mm/
印 刷 所　図書印刷 株式会社

ⒸKOICHI OGASAWARA 2010,Printed in Japan
ISBN978-4-89041-940-1 C3034　　　　定価は表紙に表示しています
※本書の全部または一部の複写・複製・転訳載等の一切を禁じます。これらの許諾については小社までご照会ください。

『医療経営士テキストシリーズ』全40巻

■ 初　級・全8巻
（1）医療経営史──医療の起源から巨大病院の出現まで
（2）日本の医療行政と地域医療──政策、制度の歴史と基礎知識
（3）日本の医療関連法規──その歴史と基礎知識
（4）病院の仕組み／各種団体、学会の成り立ち──内部構造と外部環境の基礎知識
（5）診療科目の歴史と医療技術の進歩──医療の細分化による専門医の誕生
（6）日本の医療関連サービス──病院を取り巻く医療産業の状況
（7）患者と医療サービス──患者視点の医療とは
（8）生命倫理／医療倫理──医療人としての基礎知識

■ 中　級［一般講座］・全10巻
（1）医療経営概論──病院経営に必要な基本要素とは
（2）経営理念・ビジョン／経営戦略──経営戦略実行のための基本知識
（3）医療マーケティングと地域医療──患者を顧客としてとらえられるか
（4）医療ITシステム──診療・経営のための情報活用戦略と実践事例
（5）組織管理／組織改革──改革こそが経営だ！
（6）人的資源管理──ヒトは経営の根幹
（7）事務管理／物品管理──コスト意識を持っているか？
（8）財務会計／資金調達（1）財務会計
（9）財務会計／資金調達（2）資金調達
（10）医療法務／医療の安全管理──訴訟になる前に知っておくべきこと

■ 中　級［専門講座］・全9巻
（1）診療報酬制度と請求事務──医療収益の実際
（2）広報・広告／ブランディング──集患力をアップさせるために
（3）部門別管理──目標管理制度の導入と実践
（4）医療・介護の連携──これからの病院経営のスタイルは複合型
（5）経営手法の進化と多様化──課題・問題解決力を身につけよう
（6）創造するリーダーシップとチーム医療
（7）業務改革──病院活性化のための効果的手法
（8）チーム力と現場力──"病院風土"をいかに変えるか
（9）医療サービスの多様化と実践──患者は何を求めているのか

■ 上　級・全13巻
（1）病院経営戦略論──経営手法の多様化と戦略実行にあたって
（2）バランスト・スコアカード（BSC）／SWOT分析
（3）クリニカルパス／地域医療連携
（4）医工連携──最新動向と将来展望
（5）医療ガバナンス──クリニカル・ガバナンスとホスピタル・ガバナンス
（6）医療品質経営──患者中心医療の意義と方法論
（7）医療情報セキュリティマネジメントシステム（ISMS）
（8）医療事故とクライシス・マネジメント
（9）DPCによる戦略的病院経営──急性期病院に求められるDPC活用術
（10）経営形態──その種類と選択術
（11）医療コミュニケーション──医療従事者と患者の信頼関係構築
（12）保険外診療／附帯業務──自由診療と医療関連ビジネス
（13）介護経営──介護事業成功への道しるべ

※タイトル等は一部予告なく変更する可能性がございます。